HISPANOAMÉRICA

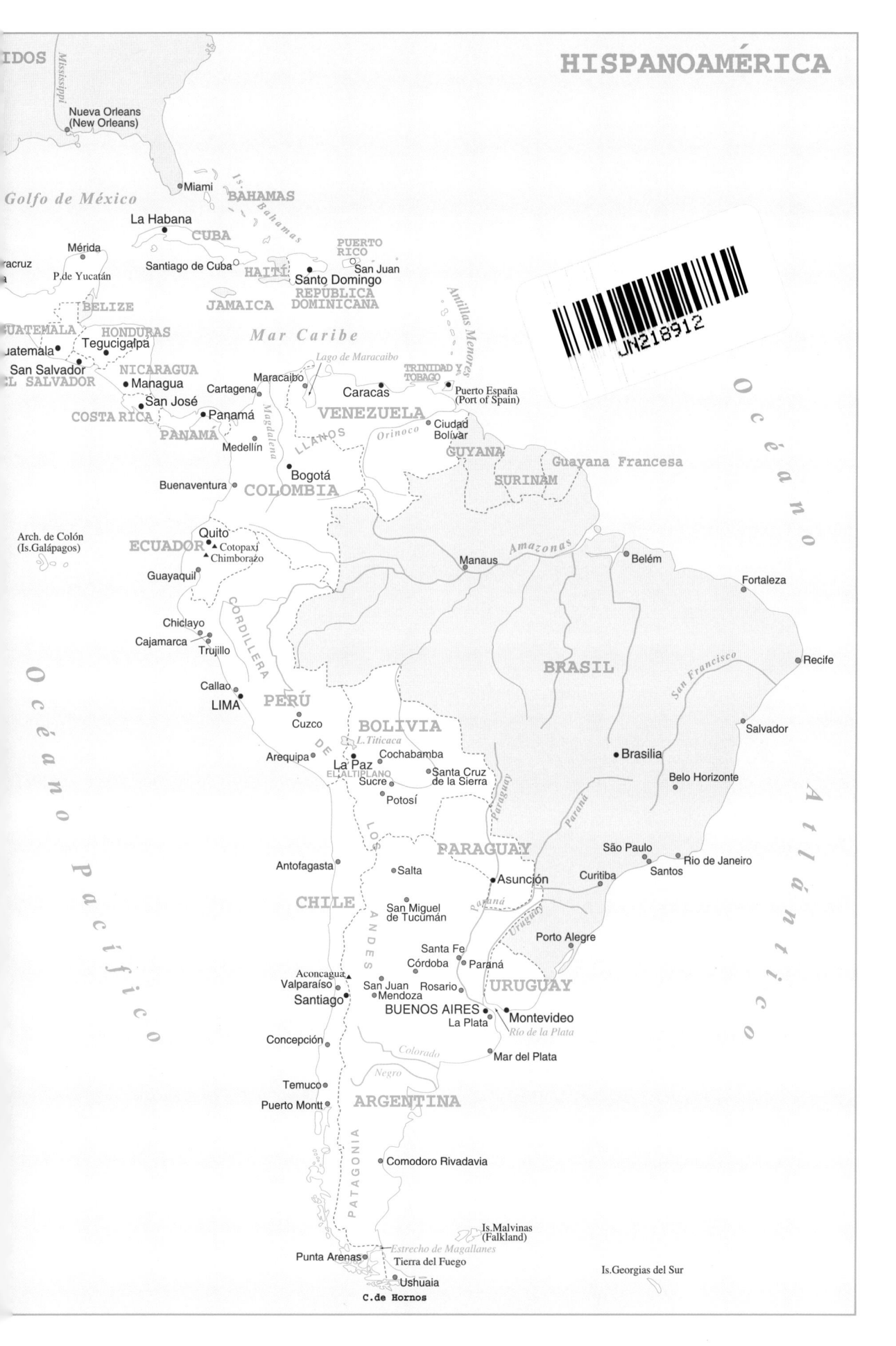

Golfo de México

Nueva Orleans
(New Orleans)

Miami

Is. Bahamas

BAHAMAS

La Habana

CUBA

Mérida

Santiago de Cuba

PUERTO
RICO

San Juan

racruz

P. de Yucatán

HAITÍ

Santo Domingo

REPÚBLICA
DOMINICANA

BELIZE

JAMAICA

Mar Caribe

Antillas Menores

GUATEMALA

HONDURAS

uatemala

Tegucigalpa

San Salvador

NICARAGUA

Lago de Maracaibo

TRINIDAD Y
TOBAGO

Puerto España
(Port of Spain)

EL SALVADOR

Managua

Maracaibo

Cartagena

Caracas

COSTA RICA

San José

Panamá

Magdalena

VENEZUELA

Ciudad
Bolívar

Orinoco

PANAMÁ

Medellín

LLANOS

GUYANA

Guayana Francesa

Buenaventura

Bogotá

COLOMBIA

SURINAM

Arch. de Colón
(Is. Galápagos)

ECUADOR

Quito

Cotopaxi

Chimborazo

Manaus

Amazonas

Belém

Fortaleza

Guayaquil

Chiclayo

Cajamarca

Trujillo

CORDILLERA

Callao

LIMA

PERÚ

Cuzco

BOLIVIA

L. Titicaca

BRASIL

San Francisco

Recife

Arequipa

La Paz

Cochabamba

EL ALTIPLANO

Sucre

Santa Cruz
de la Sierra

Potosí

Brasilia

Belo Horizonte

Salvador

Paraguay

Paraná

Antofagasta

Salta

PARAGUAY

São Paulo

Rio de Janeiro

CHILE

Asunción

Curitiba

Santos

ANDES

San Miguel
de Tucumán

Paraná

Porto Alegre

Santa Fe

Córdoba

Paraná

Uruguay

Aconcagua

Valparaíso

San Juan

Rosario

URUGUAY

Santiago

Mendoza

BUENOS AIRES

Montevideo

La Plata

Río de la Plata

Concepción

Colorado

Mar del Plata

Negro

Temuco

Puerto Montt

ARGENTINA

PATAGONIA

Comodoro Rivadavia

Is. Malvinas
(Falkland)

Estrecho de Magallanes

Punta Arenas

Tierra del Fuego

Is. Georgias del Sur

Ushuaia

C. de Hornos

Océano Pacífico

Océano Atlántico

Océano

Mississippi

IDOS

INTENSO
Nueva Edición
Curso Intensivo de Español

Equipo Kioto Karasuma

Editorial Asahi

学習者の皆さんへ

　この教科書は大学などで第二外国語としてスペイン語を学ぶ人を対象とし、実際に役立つスペイン語の習得を目標としています。文法知識だけでなく実用性を重視し、最初は日常生活で使う簡単な表現から始めて、少しずつ複雑な表現へとレベルを上げていきます。各レッスンは以下の3つの部分から構成されています。

1. *Gramática:*
　様々な表現を自分で組み立てられるようになるためには、基本的な文法の知識が不可欠です。ここで各課の文法の要点をしっかりおさえてください。最初は難しいと感じられるかもしれませんが、毎日休まず着実に勉強を継続していくことが何より重要です。

2. *Diálogo, Preguntas, Expresiones:*
　各課の文法事項を用いた表現が会話の中に出てきます。なめらかに口が動くようになるまで、繰り返し声に出して練習してください。そして先生やクラスの仲間と、その場面にいるつもりで対話の練習をしてみましょう。また、表現の土台となるのは語彙の知識です。各課の新出単語を辞書で確認し、しっかり覚えるようにしてください。

3. *Ejercicios:*
　練習問題によって、その課で学習した文法知識を確実なものにしていきます。間違った点をよく理解し、疑問点を後に残さないことが重要です。時間に余裕がある場合はPráctica にある練習問題も活用してください。

Práctica:
　各課の発展的学習のためのページです。文化的テーマを扱った読み物を通して読解の学習をし、グループに分かれて、各課の内容にあわせた実践的応用練習を行います。

　外国語の習得に近道はありません。文法知識を積み上げていくうちに豊かな表現力が少しずつ身についていきます。まずはスタートダッシュでこれからの学習に勢いをつけてください。　**¡Vamos a empezar!**

　最後にこの場を借りて、この教科書の実現のために様々なアドバイスを寄せてくださった皆様、編集作業でお世話になった朝日出版社の山田敏之さんに心からの謝意を表します。

改訂にあたって
　初版発行からこれまで多くの方々に本書をご利用いただき、貴重なご指摘を多数頂戴いたしました。また私たちが教室で使う中で気づいた点も多々あります。今回の改訂では、それらをできるだけ反映するよう心掛けました。本書が引き続き多くの学習者に利用されるよう願っています。ご意見をお寄せくださった皆様、今回の改訂作業でお世話になった朝日出版社の山中亮子さんに、この場を借りて心より御礼申し上げます。

著者より

Índice （目次）

装丁・イラスト——メディアアート
写真——shutterstock

Alfabeto

CD-2

1 アルファベットの読み方

アルファベットはアベセダリオ (abecedario) とも言います。

Aa	Bb	Cc	Dd	Ee	Ff	Gg
ア	ベ	セ	デ	エ	エフェ	ヘ

Hh	Ii	Jj	Kk	Ll	Mm	Nn
アチェ	イ	ホタ	カ	エレ	エメ	エネ

Ññ	Oo	Pp	Qq	Rr	Ss	Tt
エニェ	オ	ペ	ク	エレ	エセ	テ

Uu	Vv	Ww	Xx	Yy	Zz
ウ	ウベ	ウベドブレ	エキス	ジェ	セタ

＊ 従来 Yy は「イグリエガ」と呼ばれていました。

CD-3

2 母音

強母音：a e o　弱母音：i u

CD-4

3 子音とその発音

子音		母音と結合					例
		a	**e**	**i**	**o**	**u**	
b	[b]	ba	be	bi	bo	bu	barco, bebé, billete, bota, bufanda
c	[k]	ca			co	cu	casa, cosa, cuna diccionario
	[θ, s]		ce	ci			cena, cine
ch	[tʃ]	cha	che	chi	cho	chu	muchacho, coche, chico, mucho, churro
d	[d]	da	de	di	do	du	nada, dedo, dinero, dolor, dulce Madrid
f	[f]	fa	fe	fi	fo	fu	fama, fecha, finanza, foto, fumar

g	[g]	ga			go	gu	gafas, goma, gusto	
	[x]		ge	gi			gente, página	
	[g]		gue	gui			guerra, guitarra	
	[gw]		güe	güi			bilingüe, lingüista	
h	[無音]	ha	he	hi	ho	hu	hay, hermano, hijo, ahora, humo	
j	[x]	ja	je	ji	jo	ju	Japón, jefe, jirafa, joya, jugo	reloj
k	[k]	ka	ke	ki	ko	ku	karaoke, kendo, kilo, koala, Kuwait	
l	[l]	la	le	li	lo	lu	lana, león, limón, lobo, luna	hotel
ll	[y]	lla	lle	lli	llo	llu	llano, lleno, Medellín, llorar, lluvia	
m	[m]	ma	me	mi	mo	mu	mano, metro, amigo, mono, música	
n	[n]	na	ne	ni	no	nu	nada, negro, animal, nombre, nunca	canción
ñ	[ny]	ña	ñe	ñi	ño	ñu	España, muñeco, compañía, español, pañuelo	
p	[p]	pa	pe	pi	po	pu	padre, persona, pimienta, poder, niño	
q	[k]		que	qui			parque, química	
r	[r]	ra	re	ri	ro	ru	cara, tarea, carisma, coro, Perú	querer
	[ř]	ra	re	ri	ro	ru	radio, respuesta, río, robo, rubí	
rr	[ř]	rra	rre	rri	rro	rru	tierra, torre, barril, perro, arruga	
s	[s]	sa	se	si	so	su	sal, semana, simpático, sorpresa, sucio	
t	[t]	ta	te	ti	to	tu	tarde, televisión, tifón, tomate, tú	
v	[b]	va	ve	vi	vo	vu	valor, ventana, vida, volver, vuelo	
w	[w]	wa	we	wi	wo	wu	Washington, web, William	
x	[ks, s]	xa	xe	xi	xo	xu	examen, xenofobia, taxi, saxofón	expreso
y	[y]	ya	ye	yi	yo	yu	yate, ayer, mayo, ayuda	hoy
z	[θ, s]	za	ze	zi	zo	zu	zanahoria, zeta, zigzag, zona, zumo	

4 二重母音と三重母音

 CD-5

二重母音：**ai**re, s**ei**s, r**ui**do, famil**ia**, s**ie**te, estud**io**, c**iu**dad, p**au**sa, ag**ua**, **Eu**ropa, r**ue**da, c**uo**ta
三重母音：b**uey**, conf**iéi**s, Urug**uay**, estud**iái**s

5 アクセントの位置

 CD-6

1) 母音または**n, s**で終わる語には、終わりから**2**番目の母音にアクセントがあります。

    coche, mesa, mañana, luego, diccionario, joven, canciones

2) **n, s**以外の子音で終わる語には、最後の母音にアクセントがあります。

    reloj, español, universidad, cantar

3) アクセント符号のついた母音には、**1), 2)** の規則にかかわらず、アクセントがあります。

    árbol, tío, estación, gramática, página

LECCIÓN 1

¡Buenos días!
Yo soy estudiante.
¿Usted es profesor?

Sí, soy profesor.

CD-7

Gramática

CD-8

1 主格人称代名詞

	単数		複数		
1人称	**yo** 私は		**nosotros**	**nosotras** 私たちは	
2人称	**tú** 君は		**vosotros**	**vosotras** 君たちは	
3人称	**él** 彼は **ella** 彼女は **usted (Ud. Vd.)** あなたは		**ellos** 彼らは **ellas** 彼女らは **ustedes (Uds. Vds.)** あなた方は		

CD-9

2 動詞 *ser* の直説法現在

〈活用〉

主語	動詞	名詞	主語	動詞	名詞
yo	**soy**	estudiante	nosotros/as	**somos**	estudiantes
tú	**eres**	estudiante	vosotros/as	**sois**	estudiantes
él, ella, usted	**es**	estudiante	ellos, ellas, ustedes	**son**	estudiantes

〈用法〉

1) **ser** + 名詞：「～である」

　　Nosotros somos estudiantes.

　　Usted es japonés.

　　Caracas es la capital de Venezuela.

2) **ser** + 形容詞：「～である」　(→ lección 2, 3)

　　La casa es muy grande.

　　María y José son simpáticos.

3 否定文・疑問文　CD-10

¿Es Ud. estudiante? — Sí, soy estudiante.　　¿Es José estudiante? — Sí, es estudiante.
　　　　　　　　 — No, no soy estudiante.　　　　　　　　　　　 — No, no es estudiante.
　　　　　　　　　　　　　　　　　　　　　　　　　　　　　　　　 — No. Es profesor.

¿Quién es ella?　　— Es Ana.　　　　　　　¿Qué es ella?　— Es estudiante.
¿Quiénes son Uds.? — Somos Manuel y José.　¿Qué son Uds.?— Somos estudiantes.
　　　　　　　　　 — Soy Manuel y él es José.

4 主な職業（名詞）　CD-11

médico/a	empleado/a	funcionario/a	estudiante
camarero/a	enfermero/a	cocinero/a	escritor/a
profesor/a	cantante	abogado/a	pintor/a
secretario/a	policía	periodista	diplomático/a

5 国名・人　CD-12

España	español/a	Perú	peruano/a
Japón	japonés/nesa	Portugal	portugués/guesa
Francia	francés/cesa	Italia	italiano/a
México	mexicano/a	Estados Unidos	estadounidense

6 文の基本的な構成　CD-13

代名詞（1人称・複数）		形容詞	冠詞 名詞（単数）	
Nosotros somos estudiantes nuevos de la universidad.				私たちは大学の新入生です。
動詞	名詞（複数）		前置詞	

1) 冠　詞：名詞の前に付けます。
2) 名　詞：事物の名称を表します。
3) 動　詞：動作や状態などを表します。
4) 形容詞：名詞を修飾し、性質や形状などを表します。
5) 副　詞：主に動詞や形容詞を修飾します。
6) 前置詞：名詞の前に置いて、他の語との関係を表します。
7) 接続詞：語と語、あるいは文と文をつなぎます。

CD-14

Diálogo

¡BUENOS DÍAS!

Profesor: Hola, ¡buenos días!

        Yo soy Manuel Rosales.

        Soy profesor de español.

        ¿Cómo te llamas?

Takeshi: Me llamo Takeshi.

        Soy estudiante de español.

Profesor: ¡Bienvenido a la universidad!

        ¿Y quién es ella?

Takeshi: Es Yuko, mi amiga.

Profesor: Mucho gusto, Yuko.

Yuko: Encantada, profesor.

Profesor: Yuko, ¿eres estudiante?

Yuko: Sí, yo también soy alumna de

        español.

Profesor: Ah, ¡qué bien!

CD-15

Preguntas

1)   ¿Quién es el profesor?   _____

2)   ¿Qué es Takeshi?   _____

3)   ¿Quién es Yuko?   _____

4)   ¿Quiénes son estudiantes?   _____

Expresiones

¡Hola!	¿Qué tal?	Buenos días.	Hasta luego.
Bienvenido/a.	Muy bien.	Buenas tardes.	señor (Sr.)
Encantado/a.	Muchas gracias.	Buenas noches.	señora (Sra.)
Mucho gusto.	De nada.	Adiós.	señorita (Srta.)

Ejercicios

1. 次の単語をスペイン語で書きなさい。

1) 大学　　　（　　　　　　　）　　6) ありがとう（　　　　　　　）

2) 先生　　　（　　　　　　　）　　7) 君　　　　（　　　　　　　）

3) 私たち　　（　　　　　　　）　　8) 彼女ら　　（　　　　　　　）

4) 友だち　　（　　　　　　　）　　9) スペイン語（　　　　　　　）

5) はじめまして（　　　　　　）　　10) 学生　　　（　　　　　　　）

2. 動詞 *ser* を適切な形に変えて（　　　　　）内に入れなさい。

1) Yo (　　　　　) japonés.　　　　6) Nosotros (　　　　　) empleados.

2) Ellos (　　　　　) estudiantes.　　7) La señora Pérez (　　　　　) médica.

3) José (　　　　　) camarero.　　　8) Ellas (　　　　　) secretarias.

4) Tú (　　　　　) profesor.　　　　9) Ustedes (　　　　　) profesores.

5) Ella (　　　　　) empleada.　　　10) Vosotras (　　　　　) alumnas.

3. 次の質問に答えなさい。

1) ¿Eres tú profesor?　　　　　　— No, (　　　　　　　　).

2) ¿Ellos son funcionarios?　　　　— Sí, (　　　　　　　　).

3) ¿Qué es el señor Torres?　　　　— (　　　　　　　　) médico.

4) ¿Sois vosotras enfermeras?　　　— No, (　　　　　　　　).

5) ¿Son ustedes profesoras?　　　　— Sí, (　　　　　　　　).

LECCIÓN 2

CD-16

¿Ella es una alumna inteligente?

Sí, es inteligente y muy estudiosa pero no es simpática.

Gramática

CD-17

1 名詞の性

1) 名詞はすべて男性名詞または女性名詞に分類されます。自然の性別がある名詞は、その性に一致します。　padre, madre, toro, vaca

2) 一般に単数語尾が **-o** で終わるものは男性名詞、**-a** で終わるものは女性名詞です。

男性名詞		女性名詞	
hij**o**	amig**o**	hij**a**	amig**a**
edifici**o**	libr**o**	ventan**a**	cas**a**

3) **-ción, -sión, -dad, -tad** で終わる語は女性名詞です。

canción, televisión, ciudad, libertad

語尾で判別できない名詞もあります。　papel, reloj, calle, ley

＊　例外：男性名詞：programa, día, mapa
　　　　　女性名詞：mano, radio, foto

CD-18

2 名詞の数

1) 母音で終わる名詞は、語末に **-s** をつけ加えます。

alumno → alumno**s**, hombre → hombre**s**, libro → libro**s**, profesora → profesora**s**

2) 子音で終わる名詞は、語末に **-es** をつけ加えます。

profesor → profesor**es**, reloj → reloj**es**, papel → papel**es**, ley → ley**es**

＊　単数のときのアクセントの位置は、複数になっても移動しません。

nación, examen, japonés → nacion**es**, exámen**es**, japones**es**

＊　注意すべき複数形：lunes, paraguas, oasis → lunes, paraguas, oasis
　　　　　　　　　　　lápiz, luz, vez → lápi**ces**, lu**ces**, ve**ces**

3 定冠詞と不定冠詞

 CD-19

定冠詞	男性形	女性形
単数	el	la
複数	los	las

不定冠詞	男性形	女性形
単数	un	una
複数	unos	unas

4 形容詞

 CD-20

形容詞は、原則として名詞の後ろに置きます。

1) 形容詞の数

複数形の名詞につける形容詞は、名詞と同様に語尾が変化します。

un coche blanco → unos coches blanco**s**　　el libro difícil → los libros difícil**es**

2) 形容詞の性

-o で終わる形容詞が女性名詞につく場合、語尾を -a に変えます。
その他の母音で終わる形容詞と子音で終わる形容詞の場合、語尾は変わりません。

una rosa blanc**a** → unas rosas blanc**as**　　la pregunta difícil → las preguntas difícil**es**

＊　例外：el coche japonés / la música japonesa　　un chico trabajador / una chica trabajadora

＊　bueno, malo は男性単数名詞の前で、grande は単数名詞の前で語尾が脱落します。

un buen coche　　　　　　el gran hombre
un mal ejemplo　　　　　　la gran mujer

5 名詞と冠詞・形容詞との関係

 CD-21

<table>
<tr><td colspan="2"></td><td colspan="2">冠詞</td><td>名詞</td><td>形容詞</td></tr>
<tr><td rowspan="4">単数</td><td rowspan="2">男</td><td>不定冠詞</td><td>un</td><td rowspan="2">alumno</td><td>simpático</td></tr>
<tr><td>定冠詞</td><td>el</td><td>alegre</td></tr>
<tr><td rowspan="2">女</td><td>不定冠詞</td><td>una</td><td rowspan="2">alumna</td><td>simpática</td></tr>
<tr><td>定冠詞</td><td>la</td><td>alegre</td></tr>
<tr><td rowspan="4">複数</td><td rowspan="2">男</td><td>不定冠詞</td><td>unos</td><td rowspan="2">alumnos</td><td>simpáticos</td></tr>
<tr><td>定冠詞</td><td>los</td><td>alegres</td></tr>
<tr><td rowspan="2">女</td><td>不定冠詞</td><td>unas</td><td rowspan="2">alumnas</td><td>simpáticas</td></tr>
<tr><td>定冠詞</td><td>las</td><td>alegres</td></tr>
</table>

Diálogo

LOS NUEVOS ESTUDIANTES

Takeshi: Profesor, ellas son Yuki y Jessica.

Profesor: Mucho gusto. ¿De dónde sois?

Yuki: Yo soy de Tokio y Jessica es de Los Ángeles. Somos nuevas estudiantes.

Jessica: Profesor, ¿cómo es la clase de español?

Profesor: Es interesante pero un poco difícil.

Yuki: ¿Cómo es la universidad?

Profesor: Es grande y nueva.

Jessica: Y los estudiantes, ¿cómo son?

Profesor: Son simpáticos y estudiosos.

Preguntas

1) ¿De dónde son Yuki y Jessica? _____

2) ¿Cómo es la clase de español? _____

3) ¿Cómo es la universidad? _____

4) ¿Es Jessica profesora? _____

Expresiones

bueno/a	alegre	alto/a	rico
malo/a	serio/a	bajo/a	pobre
grande	joven	nuevo/a	mucho
pequeño/a	viejo/a	antiguo/a	poco

Ejercicios

1. **1)** から**5)** の（　　　）に正しい定冠詞および不定冠詞、**6)** から**10)** の（　　　　）に右の日本語を意味する形容詞をスペイン語で書きなさい。

1) （　　　　　　） alumnos
6) un coche (　　　　　) 大きい

2) （　　　　　　） camarero
7) unas gomas (　　　　　) 小さい

3) （　　　　　　） profesor
8) la chica (　　　　　) 背が低い

4) （　　　　　　） empleados
9) unos empleados (　　　　　) 若い

5) （　　　　　　） profesoras
10) las llaves (　　　　　) 古い

2. 例に従って、単数形あるいは複数形に変えなさい。

例 Los niños son altos.　　　(El niño es alto.)

1) Las chicas son altas.　　(　　　　　　　　　　　　　　　　　　　　　　　　)

2) Los gatos son gordos.　　(　　　　　　　　　　　　　　　　　　　　　　　　)

3) La amiga es francesa.　　(　　　　　　　　　　　　　　　　　　　　　　　　)

4) El hotel es barato.　　　(　　　　　　　　　　　　　　　　　　　　　　　　)

5) El autobús es grande.　　(　　　　　　　　　　　　　　　　　　　　　　　　)

3. 例に従って質問に答えなさい。

例 ¿Es el vino caro?　　　　　— No, (el vino no es caro. Es barato.)

1) ¿Es la universidad antigua?　— No, (　　　　　　　　　　　　　　　　　　)

2) ¿Es la casa pequeña?　　　— No, (　　　　　　　　　　　　　　　　　　)

3) ¿Es el coche grande?　　　— No, (　　　　　　　　　　　　　　　　　　)

4) ¿Es bueno el tabaco?　　　— No, (　　　　　　　　　　　　　　　　　　)

5) ¿Es difícil la clase?　　　— No, (　　　　　　　　　　　　　　　　　　)

LECCIÓN 3

CD-24

Manuel, son las diez y veinte de la noche. ¿Dónde estás ahora?

Gracias por llamar pero todavía estoy en la oficina.

Gramática

CD-25

1 動詞 *estar* の直説法現在

〈活用〉

	単数		複数	
1人称	yo	**estoy**	nosotros	**estamos**
2人称	tú	**estás**	vosotros	**estáis**
3人称	él, ella, usted	**está**	ellos, ellas, ustedes	**están**

〈用法〉

1) *estar* + 形容詞、副詞：主語の一時的な状態を表します。

¿Cómo estás? — Estoy muy bien. Hoy María está un poco triste.

¿Está usted libre? — No. Estoy ocupado. Los zapatos están sucios.

2) *estar* + 場所を示す語句：特定の人や物の所在を表します。

¿Dónde está la universidad? — Está en el centro.

¿Dónde está el profesor Núñez? — Está en casa.

CD-26

2 *ser* + 形容詞と *estar* + 形容詞の違い

ser + 形容詞：主語の永続的な性質を表します。

estar + 形容詞：主語の一時的な状態を表します。

María es alta y alegre. María está muy alegre hoy.

Los estudiantes son muy estudiosos. Ya estamos listos.

La casa de María es grande. Los zapatos no están limpios.

③ *hay*（haberの直説法現在3人称単数不規則形）

 CD-27

不特定の人や物の存在を表します。

Hay un hotel cerca de aquí.　　　　　　　¿Qué hay en la mesa?

Hay muchos estudiantes en la cafetería.　　— Hay unos libros y una revista.

④ 時刻の表現

 CD-28

¿Qué hora es?

— Es la una.　　　　　— Son las dos y cinco.　　　— Son las cuatro y media.

— Son las once.　　　— Son las tres menos cinco.　— Son las cinco y cuarto.

⑤ 曜日と日付の表現

 CD-29

lunes	martes	miércoles	jueves	viernes	sábado	domingo

¿Qué día es hoy?　　　　　　　　— Hoy es lunes.

enero	febrero	marzo	abril	mayo	junio
julio	agosto	septiembre	octubre	noviembre	diciembre

¿Qué fecha es hoy?　　　　　　　— Hoy es 16 de abril.

¿A cuántos estamos hoy?　　　　　— Estamos a 20 de junio.

¿Cuándo es el cumpleaños de María?　— Es el 31 de marzo.

⑥ 基数

 CD-30

1 uno	2 dos	3 tres	4 cuatro	5 cinco
6 seis	7 siete	8 ocho	9 nueve	10 diez
11 once	12 doce	13 trece	14 catorce	15 quince
16 dieciséis	17 diecisiete	18 dieciocho	19 diecinueve	20 veinte
21 veintiuno	22 veintidós	23 veintitrés	24 veinticuatro	25 veinticinco
26 veintiséis	27 veintisiete	28 veintiocho	29 veintinueve	30 treinta
31 treinta y uno	40 cuarenta	50 cincuenta	60 sesenta	70 setenta
80 ochenta	90 noventa	99 noventa y nueve	100 cien	109 ciento nueve

200 doscientos/as　　300 trescientos/as　　400 cuatrocientos/as　　500 quinientos/as

600 seiscientos/as　　700 setecientos/as　　800 ochocientos/as　　900 novecientos/as

999 novecientos/as noventa y nueve

1.000 mil　　　　　　1492 mil cuatrocientos noventa y dos　　　　2020 dos mil veinte

¿Cuánto es este diccionario? — Son veintiún euros.

¿Cuánto es la cena?　　　　　　— Son treinta y un euros.

CD-31

Diálogo

¿DÓNDE ESTÁ CAROLINA?

Adriana: María, ¿por la mañana hay clases de francés?

María: Por la mañana no hay clases pero por la tarde sí hay.

¿Y dónde está Carolina?

¿No está contigo?

Adriana: No, no está conmigo.

Está en casa porque está enferma.

María: ¡Qué pena!

Adriana: Ahora voy a visitar a Carolina.

¿Hay una frutería cerca de aquí?

María: Sí, hay una cerca de la plaza.

Estoy segura de que allí hay frutas deliciosas para Carolina. Saludos a ella.

CD-32

Preguntas

1) ¿Cuándo hay clases de francés? _____

2) ¿Dónde está Carolina? _____

3) ¿Cómo está Carolina? _____

4) ¿Dónde hay una frutería? _____

Expresiones

¿Cuándo?	¡Qué pena!	cerca de aquí	¿Dónde está?
por la mañana	en cama	lejos de aquí	Está aquí.
por la tarde	conmigo	en la esquina	Está ahí.
por la noche	contigo	en la calle	Está allí.

Ejercicios

1. (　　　) 内に *estar* の正しい現在形を書きなさい。

1)　¿(　　　　　　　　　　) usted ocupado?

2)　María y Juan (　　　　　　　　　) cansados.

3)　¿Dónde (　　　　　　　　) la casa de María?

4)　Las llaves (　　　　　　　　) en la mesa.

5)　¿A cuántos estamos hoy?　—(　　　　　　　　　　) a 21 de diciembre.

2. (　　　) 内に *ser*, *estar* の正しい現在形、もしくは *hay* を書きなさい。

1)　¿(　　　　　　　　) ustedes españoles?

2)　Yo (　　　　　　　) un poco resfriado.

3)　¿(　　　　　　　　) un banco cerca de aquí?

4)　¿Dónde (　　　　　　　　) Angélica?

5)　María y yo (　　　　　　　　) estudiantes de la universidad.

3. 次の時刻を、**1)** から **5)** は *ser* を使ってスペイン語で書きなさい。**6)** から **10)** はアラビア数字で書きなさい。

1)　1:15 _____　　6) las cuatro y media　　(　　　　　)

2)　12:54 _____　　7) las cinco menos cinco (　　　　　)

3)　4:30 _____　　8) las dos y veinte　　(　　　　　)

4)　7:40 _____　　9) las tres y cuarto　　(　　　　　)

5)　11:28 _____　　10) las doce en punto　(　　　　　)

LECCIÓN 4

¿Éste es tu coche?

No, no es mío. Es de María.

Gramática

1 指示詞

1) 指示形容詞

	この		その		あの	
	単数	複数	単数	複数	単数	複数
男性	este	estos	ese	esos	aquel	aquellos
女性	esta	estas	esa	esas	aquella	aquellas

este mes   esos bolígrafos   aquellas señoras

2) 指示代名詞 （男性形と女性形にはアクセント符号をつけることが多い）

	これ		それ		あれ	
	単数	複数	単数	複数	単数	複数
男性	éste	éstos	ése	ésos	aquél	aquéllos
女性	ésta	éstas	ésa	ésas	aquélla	aquéllas
中性	esto		eso		aquello	

Este diccionario es muy caro pero ése es barato.   ¿Qué es eso? — Es un móvil.

2 所有形容詞

名詞の性・数と一致します。

1) 前置形

	単数	複数
1人称	mi (s)	nuestro (s) nuestra (s)
2人称	tu (s)	vuestro (s) vuestra (s)
3人称	su (s)	

mi amigo   **mis** amigos
nuestro profesor   **nuestra** profesora
nuestros hijos   **nuestras** hijas
vuestros amigos de Japón   **tu** amiga china
Éstos son **mis** zapatos.
Éstas son **sus** hijas.

2) 後置形

	単数	複数
1人称	mío (s) mía (s)	nuestro (s) nuestra (s)
2人称	tuyo (s) tuya (s)	vuestro (s) vuestra (s)
3人称	suyo (s) suya (s)	

un amigo **mío**
unas amigas **mías**
¿Son estos zapatos **tuyos**?
— Sí, estos zapatos son **míos**.

¿Dónde están **tus** zapatos?
— **Mis** zapatos están allí. / Los **míos** están allí.

③ 直説法現在　規則活用

 CD-36

〈活用〉

hablar			
yo	habl**o**	nosotros	habl**amos**
tú	habl**as**	vosotros	habl**áis**
él, ella, usted	habl**a**	ellos, ellas, ustedes	habl**an**

同類の動詞：buscar, comprar, esperar, estudiar, llegar, tomar, trabajar

comer	
com**o**	com**emos**
com**es**	com**éis**
com**e**	com**en**

同類の動詞：aprender, beber, creer, leer

vivir	
viv**o**	viv**imos**
viv**es**	viv**ís**
viv**e**	viv**en**

同類の動詞：abrir, escribir, recibir

〈用法〉

1) 現在および進行中の事柄や習慣を表します。
Mi padre trabaja en un banco.
Bebemos vino todos los días.
¿Qué lees?　— Leo una novela de García Márquez.

2) 確実性の高い未来の事柄を表します。
El Sr. Gómez llega a Japón mañana.
Este fin de semana comemos en un restaurante español.

* 直接目的語「~を」が特定の人の場合、前置詞 a が入ります。
¿A quién esperas?　— Espero al hijo del Sr. García.　　* a + el → al　de + el → del

Espero el autobús.
Buscamos un profesor de japonés.

Diálogo

¡HABLAS MUY BIEN ESPAÑOL!

Manuel: ¡Hablas muy bien español!

Naomi: ¡Gracias! Aprender es divertido.

Manuel: ¿Hablas otros idiomas?

Naomi: Sí, también hablo japonés, inglés y
un poco de francés.

Manuel: ¡Qué bueno! Yo estudio japonés
y es muy difícil. Deseo aprender rápido.

Naomi: Bueno, estudiar un poco todos los días
es importante.

Manuel: ¿Ése es tu libro de japonés?

Naomi: Sí, es mío. Es un nuevo método para
aprender fácil y rápido.
Mi libro también es tuyo.

Manuel: ¡Gracias! Este libro es muy interesante.

Preguntas

1)   ¿Qué idiomas habla Naomi?   _____

2)   ¿Qué estudia Manuel?   _____

3)   ¿Es fácil el japonés para Manuel?   _____

4)   ¿Cómo es el libro de japonés?   _____

Expresiones

¿Qué idioma hablas?	coreano	inglés	difícil
¡Hablas muy bien!	chino	portugués	fácil
¿Es tuyo?	alemán	italiano	también
No es mío.	ruso	francés	tampoco

Ejercicios

1. （　　　）内の動詞を現在形に活用させ、日本語に訳しなさい。

1) ¿Qué (estudiar:　　　　　　　　　) tú en la universidad?

2) ¿Dónde (trabajar:　　　　　　　　) sus padres?

3) Carmen (recibir:　　　　　　　　) muchas cartas de Mario.

4) Mi madre no (beber:　　　　　　　) cerveza.

5) Nosotros (aprender:　　　　　　　) a tocar la guitarra.

2. （　　　）内の日本語に対応する指示詞を書きなさい。

1) （この　　　　　　　） coche

2) （あの　　　　　　　） chicas

3) （その　　　　　　　） silla

4) （これ　　　　　　　） es mi hermano.

5) ¿Son（それ　　　　　　　） tus gafas?

3. （　　　）内の日本語に対応する所有形容詞を書きなさい。

1) （私の　　　　　　　） abuelos

2) （私たちの　　　　　　　） profesora

3) （君の　　　　　　　） hermanos

4) （あなたの　　　　　　　） familia

5) （彼らの　　　　　　　） universidad

LECCIÓN 5

CD-39

Empiezas a trabajar muy temprano, ¿no?

Sí, vengo temprano a la oficina para trabajar porque tengo mucho trabajo.

Gramática

1 直説法現在 語幹母音変化動詞

CD-40

〈活用〉

1) [e > ie]

empezar	
empiezo	empezamos
empiezas	empezáis
empieza	empiezan

2) [o > ue]

volver	
vuelvo	volvemos
vuelves	volvéis
vuelve	vuelven

3) [e > i] (-ir のみ)

pedir	
pido	pedimos
pides	pedís
pide	piden

同類の動詞：

pensar	querer	poder	recordar	servir	repetir
entender	sentir	dormir	morir	seguir (**sigo**, sigues, …)	

4) [u > ue]   jugar: **jue**go, **jue**gas, **jue**ga, jugamos, jugáis, **jue**gan

¿A qué hora empieza la clase de español? — Empieza a las nueve.

¿Hoy vuelven a casa temprano?   — Sí, y luego queremos jugar al fútbol en el patio.

¿Puedes venir a la fiesta?   — Lo siento, pero no puedo ir.

2 直説法現在 不規則動詞 I （1人称単数が不規則）

CD-41

〈活用〉

hacer	
hago	hacemos
haces	hacéis
hace	hacen

saber	
sé	sabemos
sabes	sabéis
sabe	saben

conocer	
conozco	conocemos
conoces	conocéis
conoce	conocen

dar	
doy	damos
das	dais
da	dan

同類の動詞： poner: **pongo**, pones,...   salir: **salgo**, sales,...   ver: **veo**, ves,...

¿Qué haces? — Veo la televisión.   No sé su nombre.   ¿Sabes nadar?

3 直説法現在　不規則動詞 Ⅱ

 CD-42

〈活用〉

tener	
tengo	tenemos
tienes	tenéis
tiene	**tienen**

venir	
vengo	venimos
vienes	venís
viene	**vienen**

decir	
digo	decimos
dices	decís
dice	dicen

ir	
voy	vamos
vas	vais
va	van

oír	
oigo	oímos
oyes	oís
oye	oyen

Tengo dos hermanos.
Tengo diecinueve años.
Tengo calor (frío, hambre, sueño).

＊ tener que + 原形動詞：〜しなければならない（原形動詞は不定詞とも言います）
Tenemos que estudiar mucho.

¿Adónde van ustedes? — Vamos a la estación.

＊ ir a + 原形動詞：〜するだろう　　Ellos van a venir a Japón pronto.

＊ vamos a + 原形動詞：〜しましょう！　¡Vamos a escuchar la música española!

4 天候表現

 CD-43

¿Qué tiempo hace? — Hace buen (mal) tiempo.　En Japón llueve mucho en junio.
Hace calor (frío, sol, viento).　　　　　　　　Aquí nieva mucho y siempre está nublado.

5 関係代名詞 *que*

 CD-44

人・物どちらが先行詞でも使うことができます。
　　¿Conoce usted al señor que está allí?
　　El profesor que esperamos no viene todavía.
　　Ésta es la novela que quiero leer.
　　Tengo un hermano, que tiene quince años.　（説明的用法）

＊ 関係代名詞queの前に前置詞がつく場合、que と前置詞の間に先行詞に対応する定冠詞が入ることがあります。
　　Ésta es la casa en la que vive un actor muy famoso.
　　Aquélla es la profesora con la que aprendemos español.
　　Los chicos con los que juego al fútbol todos los días viven cerca de aquí.

Diálogo ▮▮▮

CD-45

VAMOS A PASEAR

José: ¿Qué haces el próximo fin de semana?

Ana: No pienso hacer nada en especial.

Estoy libre y voy a estar en casa.

José: Bueno, ¿por qué no vamos de excursión

a las montañas del norte?

Ana: ¡Buena idea!

José: Oye, mis tíos viven allí con sus hijos.

Son muy simpáticos. Vamos a visitar

su casa también. ¿Qué opinas?

Ana: ¡Está bien! Tenemos que preparar la excursión.

¿Qué llevamos para comer?

José: Podemos llevar fruta y bocadillos de jamón y tomate.

Ana: ¡Qué rico! Bueno, ¡vamos de compras ya!

Preguntas ▮▮▮

CD-46

1)   ¿Adónde quiere ir José?   _____

2)   ¿Qué piensa hacer Ana el fin de semana?   _____

3)   ¿Quiénes van a la montaña?   _____

4)   ¿Qué llevan para comer?   _____

Expresiones ▮▮▮

¡Buena idea!	próximas vacaciones	la primavera	siempre
bocadillo de queso	día laborable	el verano	nunca
ensalada de frutas	día festivo (feriado)	el otoño	a veces
sopa de tomate	fin de semana	el invierno	de vez en cuando

Ejercicios

1. （　　　）内の動詞を正しい現在形に活用させ、日本語に訳しなさい。

1) María y Carmen (pensar: 　　　　　　　　　) ir a Portugal en verano.

2) ¿(Querer: 　　　　　　　) tú abrir la puerta, por favor?

3) ¿Yo (poder: 　　　　　　　) usar tu diccionario?

4) Juan no (entender: 　　　　　　　) japonés.

5) Este diccionario (servir: 　　　　　　　) mucho para el estudio.

6) El tren para Kioto (salir: 　　　　　　　) a las diez.

7) Yo no (poner: 　　　　　　　) azúcar en el café.

8) Nosotros siempre (decir: 　　　　　　　) la verdad.

9) ¿Cuántos años (tener: 　　　　　　　) tú? — (Tener: 　　　　　　　) veinte años.

10) Vosotros no (tener: 　　　　　　　) que trabajar hoy.

2. 次の文を日本語に訳しなさい。

1) ¿Quiénes van a venir mañana?

2) ¿Por qué no puedes nadar? — Porque tengo fiebre.

3) ¿Carmen sabe tocar el piano?

4) Nosotros queremos comer paella con ustedes en ese restaurante.

5) Conozco muy bien al estudiante que mañana llega a Japón.

6) El parque en el que doy un paseo todos los días es muy grande.

LECCIÓN 6

CD-47

¿Te gusta la montaña?

Sí, pero me gusta más la playa porque allí puedo nadar con mis amigos.

 *Gramática*

CD-48

1 人称代名詞：直接目的語と間接目的語

直接目的語（～を）

me	nos
te	os
lo	los
la	las

間接目的語（～に）

me	nos
te	os
le	les

✳ 再帰代名詞（→ lección 8）

me	nos
te	os
se	se

✳ le は3人称単数・男性の人を表す直接目的語として使われることがあります。

フアンを　　a Juan　／　彼を　　a él　→　lo (le)

フアンに　　a Juan　／　彼に　　a él　→　le

目的語の代名詞は原則として活用した動詞の直前に置きます。

原形動詞、現在分詞の場合は直接その後ろにつけることもできます。

Nosotros comemos carne.	→ Nosotros **la** comemos. / Nosotros no **la** comemos.
Mi amigo habla inglés y francés.	→ Mi amigo **los** habla. / Mi amigo no **los** habla.
Ellos mandan un paquete a Juan.	→ Ellos **le** mandan un paquete. / No **le** mandan un paquete.
Ella escribe una carta a sus padres.	→ Ella **les** escribe una carta. / No **les** escribe una carta.
Quiero leer el libro.	→ Quiero leer**lo**. (**Lo** quiero leer.)
Estamos leyendo la novela.	→ Estamos leyéndo**la**. (**La** estamos leyendo.)

間接目的語＋直接目的語の順序

Te doy este libro. → Te lo doy.

＊　間接目的語と直接目的語がともに3人称の場合は、間接目的語がseとなります。

Mi hermana		regala esta flor a Juan.
Mi hermana	**la**	regala a Juan.
Mi hermana	**le**	regala esta flor.
Mi hermana	**se la**	regala.

2 *Gustar* 型動詞

 CD-49

私は音楽が好きです。	→	私に	気に入る	音楽は
		Me	gusta	la música.
君は	→	**Te**	gustan	los deportes.
彼、彼女、あなたは	→	**Le**	interesa	la geografía.
私たちは	→	**Nos**	interesan	las ciencias.
君たちは	→	**Os**	encanta	la paella.
彼ら、彼女ら、あなた方は	→	**Les**	encantan	las frutas.

¿Qué te parece esta ropa?　— Me parece elegante.

＊　前置詞の後で使う人称代名詞の形：míとti以外は主語の形と同じです。

mí	nosotros
ti	vosotros
él	ellos
ella	ellas
usted	ustedes

No puedo vivir sin ti.
Esta receta no es para usted.
Vais con ellas.
¿Vienes conmigo?　（← con + mí）
No voy contigo.　（← con + ti）

＊　否定文と重複表現（強調）

Me gusta la música.　　　**A mí** me gusta la música.（肯定文で強調）
No me gusta la música.　　**A mí no** me gusta la música.（否定文で強調）

3 現在進行形：*estar* ＋ 現在分詞

 CD-50

〈用法〉今行われていることを表現します。

現在分詞

hablar	→	habl**ando**
com**er**	→	com**iendo**
viv**ir**	→	viv**iendo**

Estoy **pensando** en ti.　　　Los perros no están **corriendo**.
Seguimos **aprendiendo** español.
＊ Siempre comemos **viendo** la televisión.

＊　不規則な現在分詞：綴り字が変化するタイプ：leer→leyendo, oír→oyendo, ir→yendo
　　　　　　　　　　　　語幹母音が変化するタイプ：decir→diciendo, dormir→durmiendo

Diálogo

¿QUÉ TE PARECE?

José: ¡Qué cafetería tan elegante!

¿Qué tal si tomamos un café ahí?

¿Qué dulce te gusta para tomar con el café?

¿Te parecen bien estos pasteles franceses?

María: Sí, me parecen muy ricos.

Me gusta este pastel de chocolate.

José: Yo voy a comer ese pastel de queso.

(Después de entrar en la cafetería)

María: Muchas gracias por invitarme. Está delicioso.

¡Dios mío! Son las cinco de la tarde.

José, mi clase de matemáticas empieza ya

y tengo que ir rápido a la universidad.

Discúlpame.

José: ¡Qué lástima! Ahora yo como solo el

pastel en la cafetería.

Preguntas

1) ¿Cómo es la cafetería? _____

2) ¿Qué pastel le gusta a María? _____

3) ¿A qué hora es la clase de María? _____

4) ¿Quién come solo en la cafetería? _____

Expresiones

¿Qué te parece?	¡Qué bueno está!	café con leche	el cambio
Me parece bueno.	¡Oiga camarero!	pastel de manzana	la cuenta
¿Te parece elegante?	¿Cuánto es?	zumo de naranja	la propina
Me parece muy caro.	Discúlpame.	una cerveza fría	el impuesto

Ejercicios

1. 次の現在分詞の原形を書きなさい。

1）tomando   3）siendo   5）durmiendo

2）escribiendo   4）leyendo   6）corriendo

2. 次のスペイン語文の下線部を代名詞に直して、文全体を書き換えなさい。

1）Ellos regalan un reloj a Luis.

2）Envío una postal a María.

3）Envío una postal a María.

4）Envío una postal a María.

5）Mi madre llama por teléfono a mi hermana.

3. （　　　）内に適切なスペイン語を入れて、日本語文と同じ意味になるようにしなさい。

1）僕の父は今ギターを弾いているところだ。
　　　Mi padre ahora（　　　　　　　　　）（　　　　　　　　　　　　）la guitarra.

2）私はいつも音楽を聴きながらスペイン語を学ぶ。
　　　（　　　　　　　　　　）aprendo español（　　　　　　　　　　）la música.

3）フアンは旅行をするのが大好きだ。
　　　（　　　　　　　　）Juan（　　　　　　　　　　）gusta mucho hacer viajes.

4）君に何があったの？
　　　¿（　　　　　　　　　）（　　　　　　　　　　）pasa a ti?

5）あなたにそれをさし上げます。
　　　（　　　　　　）la doy a（　　　　　　　　　）.

LECCIÓN 7

Esta mañana llegaste tarde a la clase de historia. ¿Qué pasó?

Dormí hasta muy tarde y luego perdí el tren.

CD-53

Gramática

CD-54

1 直説法点過去

〈活用〉

1）規則変化

hablar	
habl**é**	habl**amos**
habl**aste**	habl**asteis**
habl**ó**	habl**aron**

comer	
com**í**	com**imos**
com**iste**	com**isteis**
com**ió**	com**ieron**

vivir	
viv**í**	viv**imos**
viv**iste**	viv**isteis**
viv**ió**	viv**ieron**

*　綴り字が変わる動詞：1) buscar → bus**qué**, llegar → lle**gué**, empezar → empe**cé**

　　　　　　　　　　2) leer → le**y**ó, le**y**eron, oír → o**y**ó, o**y**eron

*　語幹母音変化（ir動詞のみ、活用語尾は規則変化と同じ）

① [e > i]

pedir	
pedí	pedimos
pediste	pedisteis
p**i**dió	p**i**dieron

② [o > u]

dormir	
dormí	dormimos
dormiste	dormisteis
d**u**rmió	d**u**rmieron

同類の動詞：sentir, servir, repetir, seguir, morir

2）不規則変化

① 語尾：e, iste, o, imos, isteis, ieron

tener	
tuve	tuv**imos**
tuv**iste**	tuv**isteis**
tuvo	tuv**ieron**

poder	
pude	pud**imos**
pud**iste**	pud**isteis**
pudo	pud**ieron**

venir	
vine	vin**imos**
vin**iste**	vin**isteis**
vino	vin**ieron**

querer	
quise	quis**imos**
quis**iste**	quis**isteis**
quiso	quis**ieron**

同類の動詞：estar → estuve　　andar → anduve　　poner → puse

　　　　　　saber → supe　　hacer → hice, hiciste, hizo

② 語尾：e, iste, o, imos, isteis, eron

decir	
dije	dijimos
dijiste	dijisteis
dijo	dij**eron**

同類の動詞：traer → traje   producir → produje
conducir → conduje   traducir → traduje

③ その他

ir / ser	
fui	fuimos
fuiste	fuisteis
fue	fueron

dar	
di	dimos
diste	disteis
dio	dieron

〈用法〉

過去の出来事を表します。

Ayer estuvimos en un concierto.

La semana pasada empecé a aprender ruso.

Ellos fueron a Barcelona el año pasado.

¿Qué dijiste en aquella ocasión?

Quiso venir pero no pudo.

Vi una película española anteayer.

Su familia vivió dos años en París.

¿Visitasteis el Museo del Prado en Madrid?

¿Dormiste bien anoche?

¿Quién comió con Miguel anoche?

Fue a misa y dio la colaboración.

Hubo un terremoto la semana pasada.

2 疑問詞を用いた疑問文

 CD-55

疑問詞を伴う疑問文は「¿疑問詞 + 動詞 + 主語?」の語順が一般的です。

¿Qué envías por correo a tu madre?

¿Por qué no comes la sopa?

¿Quién es esa señora?

¿A quién esperáis?

¿Dónde está la casa de Manuel?

¿Cuándo llegan tus invitados?

¿Cómo están ellas ahora?

¿Cuánto cuesta este reloj?

¿Cuál es tu nombre?

— Le envío un álbum de fotos.

— Porque no me gusta.

— Es mi abuela María.

— Esperamos a Ignacio.

— Está cerca del aeropuerto.

— Llegan mañana por la mañana.

— Están muy ocupadas.

— Cuesta 200 euros.

— Mi nombre es Isabel.

*   quién と cuál は数変化、cuánto は性数変化をします。

¿Quiénes no asisten a la fiesta?

¿Cuáles son tus guantes?

¿Cuántos años tiene tu novia?

— No asisten José y Santiago.

— Son ésos azules.

— Tiene veinte años.

Diálogo

AYER FUI AL CINE

Isabel: ¡Hola María!

¿Cómo lo pasaste anoche?

María: Muy bien. Cené con mis compañeros del gimnasio en un restaurante italiano. Y tú, ¿qué tal?

Isabel: Yo salí con mis amigas. Vimos una película muy interesante.

María: ¿Qué película visteis?

Isabel: Vimos "Volver", una película del director Pedro Almodóvar. Me gustó mucho y te la recomiendo.

María: ¿Sí? No la conozco. Voy a invitar a mi amigo Manuel a ir a verla juntos mañana.

Preguntas

1) ¿Dónde cenó María anoche? _____

2) ¿Con quién salió Isabel anoche? _____

3) ¿Qué le recomienda Isabel a María? _____

4) ¿A qué va a invitar María a Manuel? _____

Expresiones

Lo pasé bien.	anteayer	el cine	billete de entrada
¡Un día espectacular!	la semana pasada	la película de terror	boleto de entrada (ラ米)
¿Qué tal anoche?	el mes pasado	la película de amor	asiento libre
ayer	el año pasado	dibujos animados	asiento ocupado

1. 次の動詞の原形を書きなさい。

1) tomé　　　　　　　3) salimos　　　　　　　5) tradujisteis

2) perdió　　　　　　4) siguieron　　　　　　6) llegué

2. (　　) 内に適切な単語を入れて、左の動詞の点過去形を作りなさい。

1) estar : (　　　　) (　　　　) (　　　　) (estuvimos) (　　　　) (　　　　)

2) traer : (　　　　) (　　　　) (　　　　) (　　　　) (　　　　) (trajeron)

3) servir : (　　　　) (　　　　) (sirvió) (　　　　) (　　　　) (　　　　)

4) saber : (　　　　) (supiste) (　　　　) (　　　　) (　　　　) (　　　　)

5) hacer : (hice) (　　　　) (　　　　) (　　　　) (　　　　) (　　　　)

3. (　　) 内に適切なスペイン語を入れて、日本語文と同じ意味になるようにしなさい。

1) 去年の夏、君はどこへ行ったの？
　　¿Adónde (　　　　　　　) el verano pasado?

2) あなたは彼女にそれをいつあげたのですか？
　　¿ (　　　　　　) se lo (　　　　　　) usted?

3) 昨夜僕は夕食を食べて、テレビを見ました。
　　Anoche (　　　　　　) y (　　　　　　) la televisión.

4) フアンは新聞を読んでから出かけた。
　　Juan (　　　　　　) el periódico y luego (　　　　　　) de la casa.

5) 昨日僕が電話をかけたけれど、君は出なかった。
　　Ayer te (　　　　　　) por teléfono pero no me (　　　　　　).

REPASO 1

(Lecciones 1~7)

1. 次の文を日本語に訳しなさい。

    1)   Tengo un pequeño gato negro.

    2)   Va a hacer mal tiempo mañana por la mañana.

    3)   ¿Qué programa hay en la radio esta noche?

    4)   Todos los sábados juego al tenis con mi hermana.

    5)   ¿Entienden ustedes mis palabras?

2. (　　) 内に適切な疑問詞を入れなさい。

    1)   ¿(　　　　　　　) horas duermes generalmente?

    2)   ¿A (　　　　　) hora llegan ellos a la universidad?

    3)   ¿(　　　　　) es tu dirección?

    4)   ¿(　　　　　) viven en esta casa?

    5)   ¿(　　　　　) vas esta tarde?

3. 右にある日本語を意味する代名詞を適切な位置に入れなさい。

    1)   Él lleva a su casa en su coche nuevo.   （私を）

    2)   Digo que no es verdad.   （君に）

3) Ellos compran flores y regalan a sus madres.　　　（それらを）

4) Mi amigo Manuel envía un correo electrónico.　　（私たちに）

5) Tu amiga no quiere mucho.　　　　　　　　　　　（君を）

4. （　　　）内に *ser*, *estar* の現在形か *hay* を入れて、文を完成させなさい。

1) Carlos y yo (　　　　　　　　) buenos amigos.

2) Buenos Aires (　　　　　　　　) la capital de Argentina.

3) ¿Dónde (　　　　　　　　) un teléfono público?

4) Carmen y Angélica no (　　　　　　　　) hermanas.

5) (　　　　　　　　) una anciana en la plaza.

6) ¿Dónde （　　　　　　　　） la Plaza de España?

7) Manuel y tú （　　　　　　　　） primos.

8) (　　　　　　　　) unos niños en el parque.

9) Carmen y María （　　　　　　　　） muy simpáticas.

10) José siempre （　　　　　　　　） ocupado.

5. （　　　）内の動詞を現在形に活用させなさい。

1) ¿Qué (tener:　　　　　　　) que hacer tú este fin de semana?

2) ¿Vosotros (venir:　　　　　　　) esta noche a cenar en mi casa?

3) ¿(Saber:　　　　　　　) usted tocar el violín?

4) ¿Por qué siempre (decir:　　　　　　　) tú lo mismo?

5) Yo (pensar:　　　　　　　) comprar un piano grande.

6. 次の単語を複数形あるいは単数形に直しなさい。

1) casas (　　　　)   6) país (　　　　)

2) lunes (　　　　)   7) papel (　　　　)

3) lápiz (　　　　)   8) estaciones (　　　　)

4) examen (　　　　)   9) paraguas (　　　　)

5) estudiante (　　　　)   10) actrices (　　　　)

7. (　　) 内に適切な単語を書きなさい。

1) 私の　　(　　　　) cumpleaños   6) この (　　　　) pantalones

2) 彼の　　(　　　　) padres   7) その (　　　　) móvil

3) 彼女らの (　　　　) universidad   8) あの (　　　　) iglesia

4) 私たちの (　　　　) casa   9) その (　　　　) días

5) 君の　　(　　　　) zapatos   10) この(　　　　) fin de semana

8. 下線部が間違っていたら (　　) 内に正しい形を書きなさい。間違っていなければ (　　) 内に〇を書きなさい。

1) Mis libros <u>son</u> en la mesa.   (　　　　)

2) <u>Hay</u> unos niños en el parque.   (　　　　)

3) Nosotros <u>estamos</u> ocupados.   (　　　　)

4) ¿Dónde <u>hay</u> su casa?   (　　　　)

5) ¿Tú y Ana <u>son</u> estudiantes?   (　　　　)

9. 次の質問に対する答えを、a. から e. より選んで記号で答えなさい。

1) ¿Cómo está usted?　　　(　　) 　　a. Somos de Chile.

2) ¿De qué color es su coche?　(　　)　b. Muy bien, gracias.

3) ¿De dónde son ustedes?　(　　)　　c. Voy a Italia.

4) ¿Qué idioma hablas?　　(　　)　　d. Hablo francés.

5) ¿Adónde vas?　　　　(　　)　　e. Es rojo.

10. (　　) 内の動詞を点過去形に活用させなさい。

1) Él (ir:　　　　) a Madrid ayer.

2) Yo (beber:　　　　) cinco botellas de cerveza.

3) Él le (decir:　　　　) perdón a la profesora.

4) Él (leer:　　　　) una novela anoche.

5) Alfonso (entrar:　　　　) a la universidad el año pasado.

6) Nosotros (tener:　　　　) mucho trabajo hoy.

7) Yo (llegar:　　　　) a Japón anteayer.

8) Tú (recibir:　　　　) un mensaje del profesor.

9) Ellos lo (saber:　　　　) el pasado viernes.

10) ¿(Ver:　　　　) usted la película ayer?

LECCIÓN 8

CD-58

¿Es verdad que ayer te comiste todo un pastel?

Sí. Hoy no me atrevo a repetirlo.

Gramática

1 復習

CD-59

María y Carmen están listas.

¿Sois venezolanos? — No. Somos peruanos.

¡Hola! ¿Qué tal? ¿Cómo estás?

Usted habla japonés muy bien.

Los niños no tienen frío aun en invierno.

Juan vende su casa. → Juan la vende.

Isabel regala caramelos a sus hijas. → Isabel se los regala.

¿Me oyes? — No, no te oigo.

Mi abuelito me dio su pluma. → Me la dio mi abuelito. (abuelo + ito)

¿Visitasteis el Museo del Prado? — Sí, lo visitamos.

¿Quién te dijo que Miguel tuvo un accidente? — Me lo dijo mi tía María.

2 再帰動詞

CD-60

〈活用〉

再帰代名詞 + levantar の直説法現在　→ levantarse の直説法現在

me	nos		levanto	levantamos		me levanto	nos levantamos
te	os	+	levantas	levantáis	→	te levantas	os levantáis
se	se		levanta	levantan		se levanta	se levantan

目的語人称代名詞：Te levanto.　　　　　　　　再帰代名詞：Me levanto.

　　　　　　　　Su madre lo levanta.　　　　　　　　　　Ella se levanta.

　　　　　　　　La levantamos.　　　　　　　　　　　　Nos levantamos.

〈用法〉

1) 直接再帰（自分自身を）：再帰代名詞が直接目的語として働きます。

> Nos levantamos muy temprano en verano.
> Pero en invierno no quiero levantarme temprano.
> ¿Ayer se miró usted en el espejo?　— Sí, me miré. / No, no me miré.

2) 間接再帰（自分自身に）：再帰代名詞が間接目的語として働きます。

> Me lavo las manos después de volver a casa.
> Pero mis hijos no se lavan las manos antes de comer en casa.
> ¿Se quitó tu amigo el sombrero al entrar en el salón de estar?

3) 相互：「互いに〜し合う」という意味がつけ加わります。

> ¿Siempre se quieren mucho los dos?
> Nos escribimos cartas con frecuencia.
> Pero no os escribís cartas con tanta frecuencia.

4) 転意：意味が少し変わります。「〜してしまう」

> ¿Ya te vas? — Sí, ya me voy. / No, todavía no me voy.
> Ayer nos fuimos de la fiesta sin decir nada a nadie.
> Esa niña se durmió en el tren.

5) 受身：主語は物に限ります。　　　＊ *ser* + 過去分詞（→ lección 10）

> Se venden muchas cosas en esta tienda.
> Este edificio se construyó el año pasado.
> Las Olimpiadas no se celebran cada año.

＊　常に再帰動詞の形で使う動詞：arrepentirse, quejarse, atreverse

> Él siempre se arrepiente después de decir bromas.
> Nunca me quejo de mi mala suerte.
> ¿Os atrevisteis a subir al Monte Fuji el verano pasado?

Diálogo

ME LLAMO MARÍA

Pedro: ¡Hola! ¿Cómo te llamas?

María: Me llamo María. Mucho gusto.

Soy de Madrid. Y tú, ¿de dónde eres?

Pedro: Soy de Buenos Aires. Encantado.

¿A qué te dedicas, María?

María: Me dedico a escribir novelas y

traducir mangas japoneses.

Pedro: ¡Qué interesante! ¿Me puedes contar

sobre tu trabajo? Estoy interesado.

María: Lo siento, ahora no tengo tiempo y tengo

que irme a casa, pero mañana podemos

vernos y hablar en la cafetería.

¿Qué te parece?

Pedro: ¡Muy bien! Me preparo a escucharte con gusto.

Preguntas

1) ¿A qué se dedica María? _____

2) ¿De dónde es Pedro? _____

3) ¿Por qué Pedro quiere hablar con María?_____

4) ¿Adónde tiene que irse María? _____

Expresiones

¿Cómo te llamas?	bañarse	el oficio	¡Qué interesante!
¿Ya te vas?	despedirse	la especialización	aburrido
Nos vemos pronto.	despertarse	la profesión	entretenido
¿Cómo se encuentra?	sentirse	la compañía	divertido

Ejercicios

1. 次の動詞を原形に直しなさい。

1) se acuestan

2) te duchas

3) se pintan

4) me afeito

5) os sentáis

6) nos queremos

2. 次のスペイン語を日本語に訳しなさい。

1) ¿Cómo se llama tu profesora?

2) Nos ponemos el abrigo en invierno.

3) Ayer no me limpié los dientes.

4) Nunca quiero arrepentirme de nada.

5) Ella se levanta a las siete de la mañana y se acuesta a las doce de la noche.

3. (　　　) 内に適切なスペイン語を入れて、日本語文と同じ意味になるようにしなさい。

1) 私たちの大学は1875年に創立されました。
　　　(　　　　　　　) fundó (　　　　　　　) universidad en 1875.

2) 君たちはお互いに助け合わねばならない。
　　　(　　　　　　　) que ayudaros.

3) 僕は敢えて本当のことを言ったりはしなかった。
　　　No me (　　　　　) a (　　　　　　) la verdad.

4) 彼女は自分の友人と共に勉強することが大好きだ。
　　　A ella (　　　　　) gusta mucho (　　　　　　) con su amiga.

5) 日本人は玄関で靴を脱ぎます。
　　　Los japoneses (　　　　　) (　　　　　　) los zapatos en el zaguán.

LECCIÓN 9

Ayer hablé con José.

Estaba muy ocupado estudiando inglés.

¿Y cómo estaba?

Gramática

1 直説法線過去

〈活用〉

1) 規則変化

hablar	
hablaba	hablábamos
hablabas	hablabais
hablaba	hablaban

comer	
comía	comíamos
comías	comíais
comía	comían

vivir	
vivía	vivíamos
vivías	vivíais
vivía	vivían

2) 不規則変化：ser, ir, ver のみ

ser	
era	éramos
eras	erais
era	eran

ir	
iba	íbamos
ibas	ibais
iba	iban

ver	
veía	veíamos
veías	veíais
veía	veían

〈用法〉

1) 過去における継続的な行為や状態を表します。

Eran las tres cuando me desperté.　　　　Antes había muchos árboles en este parque.

Cuando llegué al aeropuerto, me esperaban mis hermanos.

2) 過去における反復的、習慣的行為を表します。

Todos los sábados íbamos al cine.　　　　María siempre llegaba tarde a clase.

Cuando éramos niños, pasábamos las vacaciones de verano en la playa.

3) 主動詞が過去の時、従属節の中で使います。

Carlos dijo que su madre estaba enferma.　　　(Carlos dice que su madre está enferma.)

Juan dijo que le dolía la cabeza.　　　　　　(Juan dice que le duele la cabeza.)

2 関係詞

 CD-65

1) 関係代名詞

que (→ lección 5)

quien, quienes : 先行詞は人に限られます。先行詞の数に応じて変化します。

El chico a quien viste ayer es mi primo.

El hombre con quien bailabas es mi vecino.

Ramón, quien lo dijo, está equivocado. （主語に使えるのは説明用法のみ）

＊ A quien madruga, Dios le ayuda.

lo que: すでに述べられたことを指します。また、先行詞なしで独立して用います。

Él salió bien en el examen, lo que me sorprendió.

No entiendo lo que quieres decirme.

2) 場所の関係副詞：donde

Vamos al pueblo donde (= en el que) viven mis abuelos.

Este fin de semana voy a visitar la casa donde nació mi padre.

3) 関係形容詞：cuyo　後ろに来る名詞の性・数に応じて変化します。

Aquí hay un libro. + Su autora (= del libro) es mi amiga.

　　→　Aquí hay un libro **cuya** autora es mi amiga.

El chico habla español muy bien. + Sus padres viven en México.

　　→　El chico **cuyos** padres viven en México habla español muy bien.

4) 強調の表現：ser + 先行詞 + 関係詞

Es María quien habla japonés bien en la clase.

Fue él quien se enteró primero de eso.

Es aquí donde nos conocimos.

Diálogo

ANTES VIVÍA EN UNA CASA PEQUEÑA

Sonia: Carlos, gracias por invitarme.
Me gustó mucho la fiesta y lo
pasé muy bien con tus amigos.

Carlos: Me alegro mucho. Yo también lo pasé bien.
Antes vivía en una casa muy pequeña y
lamentablemente allí no podía hacer
fiestas con mis amigos.

Sonia: Bueno, nos vemos mañana en la oficina.
Pero, ¿dónde está? ¡Dios mío!
Perdí la llave del coche.
La tenía en el bolsillo y no la encuentro.
¿La tienes tú, Carlos?

Carlos: No, no la tengo. Seguro que la perdiste
mientras bailabas en la fiesta.

Preguntas

1) ¿De quién es la fiesta? _____

2) ¿Quién perdió la llave? _____

3) ¿Cómo vivía Carlos antes? _____

4) ¿Dónde tenía la llave Sonia? _____

Expresiones

¡Feliz cumpleaños!	carta de invitación	la festividad	novios
¡Felicidades!	mis invitados	la fiesta	luna de miel
¡Felicitaciones!	un regalo	la boda	mucha alegría
¡Enhorabuena!	la celebración	el matrimonio	mucha felicidad

Ejercicios

1. （　　）内の動詞を線過去形に活用させ、日本語に訳しなさい。

1) Yo (estar:　　　　　　　　) aquí cuando ocurrió el accidente.

2) José me dijo que (trabajar:　　　　　　　　) en esta compañía.

3) Antes (haber:　　　　　　　) muchos habitantes en este pueblo.

4) Nosotros (ver:　　　　　　　　) la televisión cuando vino a vernos José.

5) (Ser:　　　　　　　) las once cuando mi padre volvió a casa.

2. （　　）内に適切な関係詞を、必要ならば前置詞と共に入れなさい。

1) Tengo una amiga boliviana (　　　　　　) habla japonés perfectamente.

2) Los alumnos, (　　　　　) viven cerca, no llegan tarde.

3) Ésta es la casa (　　　　　) nació el pintor Goya.

4) El niño (　　　　　) padres están en Venezuela vive solo.

5) En la mesa está el bolígrafo (　　　　　) escribí una carta.

3. 関係詞を使って2つの文を1つにしなさい。

1) Aquélla es la señora. ＋ Te hablé de ella ayer.

　　　Aquélla es la señora (　　　) (　　　) (　　　) te hablé ayer.

2) Dijo que no lo sabía. ＋ Esto no es verdad.

　　　Dijo que no lo sabía, (　　　) (　　　) no es verdad.

3) Éste es el libro. ＋ Estudio con el libro.

　　　Éste es el libro (　　　) (　　　) estudio.

4) Quiero conocer el país. ＋ Su lengua estoy aprendiendo.

　　　Quiero conocer el país (　　　) lengua estoy aprendiendo.

5) Comimos en un restaurante. ＋ Allí trabaja un cocinero italiano.

　　　Comimos en un restaurante (　　　) trabaja un cocinero italiano.

LECCIÓN 10

En el teatro la actriz ha interpretado bien su papel. Ha sorprendido al público y ahora es admirada por todos.

Gramática

1 過去分詞

hablar	→	hablado	ar動詞 → 語幹 + **ado**
comer	→	comido	er動詞・ir動詞 → 語幹 + **ido**
vivir	→	vivido	＊ アクセント符号がつくもの：leer → leído / oír → oído

＊ 不規則な過去分詞

abrir → abierto	cubrir → cubierto	decir → dicho	escribir → escrito
hacer → hecho	poner → puesto	ver → visto	volver → vuelto

〈用法〉過去分詞は形容詞として使うことができます。

el año pasado	la semana pasada	el vino hecho en Argentina
La puerta está abierta.	El asiento está ocupado.	Estamos cansados.

2 直説法現在完了

haberの直説法現在形 + 過去分詞（男性単数形）

〈活用〉

hablar		comer		vivir	
he hablado	hemos hablado	he comido	hemos comido	he vivido	hemos vivido
has hablado	habéis hablado	has comido	habéis comido	has vivido	habéis vivido
ha hablado	han hablado	ha comido	han comido	ha vivido	han vivido

〈用法〉

1) 現在までに完了した事柄を表します。

Mi padre no ha llegado a casa todavía.   Los niños ya se han acostado.

¿Ya has terminado la tarea?   Todavía no he desayunado.

2) 現在までの経験を表します。

    Rosa ha viajado por Europa dos veces.   ¿Has probado la paella alguna vez?

    No he bailado nunca.   Él nunca ha ido a España.

3) 現在を含むまだ終了していない期間内に起きた事柄を表します。今を含む時の副詞（**hoy, esta mañana, este mes, este año**など）とともに用いられます。

    Esta mañana hemos desayunado mucho.   ¿Cómo te ha ido hoy?

    Este invierno ha nevado poco en esta región.   He visitado a mi abuela una vez esta semana.

3 無人称文

 CD-71

1) 主語がなく、常に**3**人称の動詞を使います。

  ① 天気・気候 (→ lección 5)   Hace sol.

  ② 時刻の表現 (→ lección 3)   Son las dos y media.

  ③ 存在を表わす hay (→ lección 3)   Hay un parque en la ciudad.

  ④ 時の経過   hace ＋ 経過時間 ＋ que

    Hace cinco días que estoy en el hospital.   Hace cinco días que estuve en el hospital.

2) 不定主語文

  ① se ＋ 3人称単数

    Se come muy bien en este restaurante.   ¿Se puede? — Sí, adelante.

    ¿Cómo se va a la estación?   ＊En esta ciudad uno se acuesta muy tarde.

  ② 3人称複数

    Dicen que mañana va a bajar la humedad.   Me han robado el reloj.

4 受身表現

 CD-72

1) 受動文：**ser** ＋ 過去分詞 ＋ **por** ＋ 動作の主体

    過去分詞は主語と性・数一致します。

    Esta novela fue escrita por mi amigo.   (← Mi amigo escribió esta novela.)

    El profesor es querido por sus estudiantes.   La comida es preparada por Manuel.

    ＊ Todo está preparado.

2) 再帰受身：**se** ＋ 他動詞**3**人称　(→ lección 8)

    主語は3人称の物に限ります。

    Se venden buenas manzanas en este supermercado nuevo.

    Se habla el portugués en Brasil.

    Se produce buen vino en Chile.

Diálogo

¿CÓMO SE VA A LA ESTACIÓN?

Naomi: José, pronto tenemos que
tomar el tren para ir a Sevilla.
¿Cómo se va a la estación?

José: Tenemos que tomar el autobús
número 2. Pero Manuel tiene los billetes
del tren y no ha llegado todavía.

Naomi: Él me ha dicho que va a estar en la estación
esperándonos antes de salir el tren.

José: ¡Eh! Y ¿cuándo te lo ha dicho?

Naomi: Hace unos minutos me lo ha dicho por
teléfono. Él ya está yendo a la estación.

José: ¡Bueno! Entonces, no hay problema.
¡Vámonos!

Preguntas

1) ¿Cómo van Naomi y José a la estación?_____

2) ¿Quién tiene los billetes del tren? _____

3) ¿A dónde está yendo Manuel? _____

4) ¿Quién llamó a Naomi por teléfono? _____

Expresiones

¿Cómo se va?	la parada de autobús	el billete	el pasaporte
¿Por dónde se va?	la estación de trenes	la boletería（ラ米）	la guía turística
¿Cuánto se tarda?	la terminal	el boleto（ラ米）	la inmigración
¿A qué hora sale?	la taquilla	el avión	la aduana

Ejercicios

1. 以下から適切な動詞を選び、過去分詞に直して（　　）内に入れなさい。

> cerrar,　cubrir,　escribir,　hacer,　construir

1) Las montañas están (　　　　　　　　　) de nieve.

2) El pastel fue (　　　　　　　　) en casa.

3) Éstas son unas cartas (　　　　　　　　) en inglés.

4) La casa fue (　　　　　　　) sin problemas.

5) La ventana está (　　　　　　).

2. （　　）内の動詞を現在完了形に活用させ、日本語に訳しなさい。

1) Este mes nosotros (trabajar:　　　　　　　　　　) mucho.

2) Todavía yo no le (escribir:　　　　　　　　　) a María.

3) Mis padres ya (volver:　　　　　　　　) a casa.

4) Los niños ya (acostarse:　　　　　　　　).

5) ¿Tú (ver:　　　　　) alguna película española?

3. **1)** から **3)** を受動文に書き換えなさい。また、**4)** と **5)** を再帰受身に直しなさい。

1) Cervantes escribió "El Quijote".

2) El terremoto destruyó las casas.

3) El electricista reparó el televisor.

4) En España beben mucho vino.

5) En Suiza hablan varios idiomas.

LECCIÓN 11

CD-75

Él dijo que había hecho una pequeña casa. Pero cuando fui a verla, me sorprendí porque su casa era más grande que la mía.

Gramática

CD-76

1 直説法過去完了

〈活用〉

haberの直説法線過去形 + 過去分詞（男性単数形）

hablar	
había hablado	habíamos hablado
habías hablado	habíais hablado
había hablado	habían hablado

comer	
había comido	habíamos comido
habías comido	habíais comido
había comido	habían comido

vivir	
había vivido	habíamos vivido
habías vivido	habíais vivido
había vivido	habían vivido

〈用法〉

過去のある時点までに完了した行為または状態を表します。

Él dijo que había terminado la tarea.

Ya había salido el avión cuando mi padre llegó al aeropuerto.

Hasta entonces yo no había visto a sus hermanos.

CD-77

2 不定語と否定語

不定語	alguien,	algo,	alguno
否定語	nadie,	nada,	ninguno

¿Hay alguien en casa?   — No, no hay nadie en casa.

¿Tienes algo que decirme?   — No, no tengo nada. / No, nada tengo.

Algunos de estos libros son interesantes.   Ninguno de éstos es interesante.

¿Has leído alguna novela mexicana?   No tengo ningún libro de este tema.

3 比較表現

 CD-78

1) 比較級

優等比較	más + 形容詞・副詞 + que	〜より……である
劣等比較	menos + 形容詞・副詞 + que	〜より……でない
同等比較	tan + 形容詞・副詞 + como	〜と同じくらい……である

El río Amazonas es más largo que el río Tajo.

El monte Aso es menos alto que el monte Fuji.

Yo me levanto tan temprano como mi padre.

＊ 形容詞・副詞の不規則比較級：más + 形容詞・副詞を一語で表します。

形容詞・副詞	比較級
bueno ・ bien	mejor
malo ・ mal	peor
grande	mayor（*más grande）
pequeño	menor（*más pequeño）
mucho	más
poco	menos

Tokio tiene más habitantes que Osaka.

Tengo un hermano menor y dos hermanas mayores.

Ella canta mejor que yo.

＊ muchoの同等比較はtanto　Leo tantos libros como tú.

＊ más de ＋ 数　Hay más de veinte estudiantes en el aula.

2) 最上級

形容詞の最上級

定冠詞 ＋ más ＋ 形容詞 ＋ de 〜	〜の中で最も……である

José es el más alto de mis hijos. 　　　　El río Nilo es el más largo de África.

Juana es la mejor estudiante de la clase.

副詞の最上級

Juana es la que canta mejor. 　　　　Antonio corre más rápido que nadie.

3) 絶対最上級

形容詞 ＋ ísimo：名詞の性・数に応じて語尾が変化します。

母音で終わる語には最後の母音を取ってísimoをつけます。　　　guapo → guapísimo

子音で終わる語には語尾にísimoをつけます。　　　difícil → dificilísimo

los coches caros → los coches carísimos

Diálogo

ALGUNOS LIBROS SON INTERESANTES

Carlos:	¡Vaya, no hay nadie en la biblioteca hoy!
Manuel:	Carlos, allí hay alguien en la oficina.
Carlos:	Sí, voy a preguntarle sobre los libros que buscamos. Disculpe, por favor. ¿Dónde están los libros de filosofía?
Bibliotecaria:	Están ahí. Hay algunos interesantes.
Carlos:	Por favor, ¿puede decirme cuál es el más fácil para empezar a estudiar filosofía?
Bibliotecaria:	Sí, bueno, este libro azul es más fácil que el rojo. Y este libro verde es el más fácil de todos.
Carlos:	Entonces, me llevo el verde.
Bibliotecaria:	Lo tiene que devolver la próxima semana.
Carlos:	Sí, lo voy a leer tan rápido como mi profesor.

Preguntas

1) ¿Qué busca Carlos? _____

2) ¿Qué libro es el más fácil para leer? _____

3) ¿Qué libro se lleva Carlos? _____

4) ¿Cuándo tiene que devolverlo? _____

Expresiones

Con permiso.	salón de lectura	la literatura latinoamericana
Perdón.	búsqueda de datos	el arte contemporáneo
Oiga, por favor.	recepción de libros	humanidades y ciencias
Silencio, por favor.	fotocopia	geografía e historia

Ejercicios

1. （　　）内の動詞を過去完了形に活用させなさい。

1) Cuando empezó a llover, ellos todavía no (llegar: _____) a casa.

2) Hasta entonces usted no (estar: _____) en España.

3) Yo nunca (equivocarse: _____) de habitación.

4) Cuando te pregunté sobre la novela, tú no la (leer: _____).

5) Él nunca (hacerlo: _____).

2. 日本語に合うように、（　　）内に適切な語を入れなさい。

1) En Tokio hay (_____) templos (_____) en Kioto.
　　東京は京都より寺が多くない。

2) Usted habla español (_____) bien (_____) ella.
　　あなたは彼女と同じくらいスペイン語が上手です。

3) Esta camisa es (_____) cara (_____) la otra.
　　このシャツはもう一つのより高い。

4) Mi hermano es (_____) (_____) tu hermana.
　　私の兄は君の姉より歳上だ。

5) ¿Cuál es (_____) ciudad (_____) grande (_____) su país?
　　あなたの国で一番大きい都市はどこですか。

6) Ella baila (_____) que nadie.
　　彼女は誰よりも上手に踊る。

7) No tengo (_____) hambre (_____) tú.
　　私は君ほどお腹はすいていない。

3. （　　）内に適切な否定語または不定語を入れなさい。

1) ¿Hay (_____) posibilidad?　　　　— No, no hay (_____) posibilidad.

2) ¿Vino (_____)?　　　　— No, no vino (_____).

3) ¿Viene (_____) de tus amigos?　　　　— No, no viene (_____).

4) ¿Vas a comprar (_____)?　　　　— No, no voy a comprar (_____).

LECCIÓN 12

CD-81

¿Y qué le dirás?

Hoy hablaré con Manuel.

Le diré que no iré a París con él.

Gramática

CD-82

1 直説法未来

〈活用〉

1) 規則変化

hablar	
habla**ré**	habla**remos**
habla**rás**	habla**réis**
habla**rá**	habla**rán**

comer	
come**ré**	come**remos**
come**rás**	come**réis**
come**rá**	come**rán**

vivir	
vivi**ré**	vivi**remos**
vivi**rás**	vivi**réis**
vivi**rá**	vivi**rán**

2) 不規則変化

poder	
podr**é**	podr**emos**
podr**ás**	podr**éis**
podr**á**	podr**án**

tener	
tendr**é**	tendr**emos**
tendr**ás**	tendr**éis**
tendr**á**	tendr**án**

同類の動詞：querer, saber, haber　　同類の動詞：poner, salir, venir

hacer	
har**é**	har**emos**
har**ás**	har**éis**
har**á**	har**án**

decir	
dir**é**	dir**emos**
dir**ás**	dir**éis**
dir**á**	dir**án**

〈用法〉

1) 未来の事柄を表します。

¿Mañana cenaréis en un restaurante mexicano?

La próxima semana tendremos una reunión en el Ayuntamiento.

Algún día iré a Argentina.　　＊Algún día voy a ir a Perú.

2) 現在の推量を表します。

Ahora mi madre estará en el mercado.

¿Cuántos años tendrá el profesor?

No tengo reloj. ¿Qué hora será?

2 直説法過去未来

 CD-83

〈活用〉

1) 規則変化

hablar	
hablaría	hablaríamos
hablarías	hablaríais
hablaría	hablarían

comer	
comería	comeríamos
comerías	comeríais
comería	comerían

vivir	
viviría	viviríamos
vivirías	viviríais
viviría	vivirían

2) 不規則変化

poder	
podría	podríamos
podrías	podríais
podría	podrían

tener	
tendría	tendríamos
tendrías	tendríais
tendría	tendrían

同類の動詞：querer, saber, haber　　同類の動詞：poner, salir, venir

hacer	
haría	haríamos
harías	haríais
haría	harían

decir	
diría	diríamos
dirías	diríais
diría	dirían

〈用法〉

1) 過去から見た未来の事柄を表します。

Yo creía que comeríais en un restaurante español.

El jefe me dijo que tendríamos una reunión.

2) 過去の推量を表します。

¿Dónde estaría mi madre cuando vino su amiga?

Sería muy temprano cuando salió mi hijo.

3) 婉曲表現を表します。

Me gustaría hablar con Susana.

¿Podría cerrar la puerta, por favor?

Diálogo

ALGÚN DÍA IRÉ A ARGENTINA

Naomi: Quiero graduarme en la universidad y luego algún día iré a Argentina.

Julia: ¡Qué bien! Es bonito tener sueños para poder hacerlos realidad en el futuro. Eso es algo maravilloso.

Naomi: Sí, ahora puedo hablar español mejor y me gustaría viajar y vivir en ese gran país.

Julia: Yo creía que tú vivirías en España.

Naomi: Bueno, España es un país muy interesante pero en Argentina tengo muchos amigos y también mis familiares viven allí. Desearía pasar un tiempo con ellos mientras busco información para empezar a trabajar.

Preguntas

1) ¿Qué quiere hacer Naomi? _____

2) ¿Qué idioma puede hablar Naomi? _____

3) ¿Por qué Naomi no va a España? _____

4) ¿Quiénes viven en Argentina? _____

Expresiones

Me gustaría verle a usted.	la semana que viene	la graduación
¿Podría pasar por aquí?	la próxima semana	el diploma
Desearía leer ese libro.	pasado mañana	el intercambio estudiantil
¿Qué querrías hacer?	en el futuro	el programa de verano

1. 次の動詞を、未来形と過去未来形に活用させなさい。

1) ser   6) querer

2) estar   7) poner

3) cantar   8) venir

4) escribir   9) hacer

5) haber   10) decir

2. (　　) 内の動詞を指定された形に活用させなさい。

1) A estas horas (haber:　　　　　) mucha gente en la calle. （未来）

2) El próximo año (celebrarse:　　　　　) los Juegos Olímpicos. （未来）

3) (Desear:　　　　　) ver a la directora, por favor. （過去未来）

4) Cuando llamé a Beatriz, ella (estar:　　　　　) fuera de casa. （過去未来）

5) Ayer Ana me dijo que (ir:　　　　　) al médico. （過去未来）

3. (　　) 内の動詞を未来形か過去未来形に活用させ、日本語に訳しなさい。

1) Cuando llegó mi hijo, (ser:　　　　　) las cinco de la madrugada.

2) Juan, ¿(poder:　　　　　) venir mañana para ayudarme?

3) Carlos me aseguró que (cumplir:　　　　　) la promesa.

4) Me (gustar:　　　　　) hacer una pregunta.

5) Creo que ellos (venir:　　　　　) mañana a la clase.

LECCIÓN 13

Yo quiero que hablemos claro.

Deseo que trabajes con tu tío en Madrid.

Dime lo que quieras decirme.

Gramática

1 接続法現在 Ⅰ

〈活用〉

1) 規則変化

hablar	
hable	hablemos
hables	habléis
hable	hablen

comer	
coma	comamos
comas	comáis
coma	coman

vivir	
viva	vivamos
vivas	viváis
viva	vivan

2) 不規則変化

①語幹母音変化動詞（ar / er 動詞）（→ lección 5）

pensar	piense	pienses	piense	pensemos	penséis	piensen
poder	pueda	puedas	pueda	podamos	podáis	puedan

②語幹母音変化動詞（ir 動詞）：1人称複数と2人称複数の語幹も変化します。

sentir	sienta	sientas	sienta	sintamos	sintáis	sientan
dormir	duerma	duermas	duerma	durmamos	durmáis	duerman
pedir	pida	pidas	pida	pidamos	pidáis	pidan

sentirと同類の動詞：preferir, advertir, convertir   dormirと同類の動詞：morir

pedirと同類の動詞： servir, repetir, vestir

③直説法現在形が1人称単数で不規則変化する動詞

tener	tenga	tengas	tenga	tengamos	tengáis	tengan
conocer	conozca	conozcas	conozca	conozcamos	conozcáis	conozcan

tenerと同類の動詞：hacer, decir, poner, salir, venir, caer, oír   ＊ ver

conocerと同類の動詞：conducir, traducir

④その他の不規則動詞

ser	sea	seas	sea	seamos	seáis	sean
estar	esté	estés	esté	estemos	estéis	estén
ir	vaya	vayas	vaya	vayamos	vayáis	vayan
dar	dé	des	dé	demos	deis	den
haber	haya	hayas	haya	hayamos	hayáis	hayan
saber	sepa	sepas	sepa	sepamos	sepáis	sepan

〈用法〉

直説法：客観的事実を表現します。

接続法：主観的内容や、想定された観念を表現します。

1)　従属節が名詞節の場合

①主節の動詞が願望や感情を表すもの：querer, desear, esperar, alegrarse de, sentir, temer

　　　Espero que vuelvas pronto aquí.

　　　Me alegro de que estés contento con la nueva casa.

　　　Siento mucho que no puedas venir a la fiesta.

　　　＊ Yo sé que María está bien de salud.

②主節の動詞が命令・許可・禁止を表すもの：ordenar, permitir, prohibir, aconsejar, decir

　　　Él nos prohíbe que salgamos.

　　　El profesor dice a los alumnos que estudien mucho.

　　　＊ El profesor dice que los alumnos estudian mucho.

③主節が ser ＋ 価値判断を示す形容詞の場合：es necesario, bueno, importante, posible

　　　Es necesario que hagáis estos ejercicios.

　　　Es mejor que te vayas ahora.

　　　Es posible que no haya clases.

④主節の動詞が疑惑・否定を表すもの：dudar, no creer, no pensar

　　　Dudo que Carlos diga la verdad.

　　　No creo que ella sea mexicana.

　　　＊ Creo que ella es mexicana.

2)　従属節が形容詞節（関係詞節）で、先行詞が不特定または否定の場合

　　　Buscamos una persona que hable alemán.

　　　Aquí no hay nadie que me respete.

　　　＊ Buscamos a la persona que habla alemán.

Diálogo

ME ALEGRO DE QUE ESTÉ BIEN

Carlos: ¡Buenos días! ¿Cómo estás, Antonio?

Antonio: Muy bien, gracias, Carlos.

¡Cuánto tiempo! ¿No?

¿Y nuestro amigo japonés Takeshi?

Hace tiempo que no lo veo en el

barrio. ¿Lo has visto? ¿Cómo está él?

Carlos: Recientemente estuvo enfermo en un

hospital pero ahora se recupera en

casa descansando con su familia.

Antonio: Me alegro mucho de que esté bien.

Ojalá se recupere pronto y podamos

vernos en la plaza como siempre.

¿Puedes enviarle mis saludos?

Carlos: Sí, con mucho gusto le enviaré tus saludos.

Preguntas

1) ¿Cómo está Antonio?   _____

2) ¿Quién es Takeshi?   _____

3) ¿Dónde está Takeshi ahora?   _____

4) ¿Qué le envía Antonio a Takeshi?   _____

Expresiones

¿Cómo te encuentras?	rápida recuperación	salud delicada
Me siento mal.	sala de consulta	la receta
Está en cama.	consejos médicos	la medicina
Fue internado en el hospital.	tratamiento médico	la ambulancia

Ejercicios

1. 次の動詞を接続法現在形に活用させなさい。

1) cantar

2) escribir

3) entender

4) encontrar

5) preferir

6) morir

7) repetir

8) conducir

9) estar

10) ver

2. (　　　) 内の動詞を接続法現在に活用させ、日本語に訳しなさい。

1) Espero que (volver:　　　　　　　　　　) pronto mi hermano de París.

2) Me alegro de que usted (estar:　　　　　　　　　) bien de salud.

3) Hice una rica paella y deseo que usted (poder:　　　　　　　　　) comerla.

4) Estamos buscando una secretaria que (saber:　　　　　　　　　) hablar portugués.

3. 例に従って、接続法を用いた文に書き直しなさい。

例 Juan está enfermo. → Temo que Juan esté enfermo.

1) Ana sabe la verdad. → No creo que _____.

2) Él hace unos ejercicios. → El médico le aconseja que _____.

3) Mis amigos vienen a casa. → Deseo que _____.

4) David me entiende mal. → Es posible que _____.

5) Mi abuelo se siente mejor. → Me alegro de que _____.

6) Dormimos en la clase. → El profesor nos prohíbe que _____.

LECCIÓN 14

Yo no quiero comer esa sopa.

¡No! No me la sirvas, por favor.

Cómela ahora mismo.

CD-90

Gramática

CD-91

1 接続法現在 Ⅱ

〈用法〉

1) 従属節が副詞節の場合

①目的（常に接続法）　para que, a fin de que など

　　Escribo esta carta para que sepas la situación.

　　La próxima semana te llevaré a la ciudad de Kioto a fin de que la conozcas.

②条件・否定（常に接続法）　en caso (de) que, siempre que, a no ser que, sin que など

　　En caso de que te pase algo, voy a ayudarte enseguida.

　　Jugaremos al fútbol aquí a no ser que llueva fuerte.

　　María lo comprará siempre que no le falte dinero.

③時（未来、仮定的な場合は接続法）　cuando, hasta que, después de que など

　　Cuando vaya a Madrid, visitaré a María.　　＊ Cuando voy a Madrid, siempre visito a María.

　　Él no vendrá aquí hasta que termine la tarea.　＊ Él no viene aquí hasta que termina la tarea.

④譲歩（仮定的な場合は接続法）　aunque

　　Aunque tenga dinero, no lo compraré.　　＊ Aunque tengo dinero, no lo compro.

2) 独立文

①願望文（常に接続法）：¡Ojalá que me toque la lotería!　　¡Que llegue pronto la primavera!

②疑惑文：Quizá(s) llueva mañana.　　Tal vez Carlos sepa la verdad.

2 命令

CD-92

1) 肯定命令

規則形

		hablar	comer	vivir
tú	直説法現在　3人称単数形と同形	habla	come	vive
vosotros	原形動詞語尾 r を d に変える	hablad	comed	vivid
usted	接続法現在形	hable	coma	viva
ustedes	接続法現在形	hablen	coman	vivan

tú に対する不規則形：decir → di　　hacer → haz　　ir → ve　　　　poner → pon

　　　　　　　　　　salir → sal　　ser → sé　　tener → ten　　venir → ven

2) **否定命令**：全ての人称で接続法現在形を用います。

	hablar	comer	vivir
tú	no hables	no comas	no vivas
vosotros	no habléis	no comáis	no viváis
usted	no hable	no coma	no viva
ustedes	no hablen	no coman	no vivan

3 代名詞を伴う命令 (→ lección 6, 8)

 CD-93

1) **肯定命令**：代名詞をそのまま動詞の後ろにつけます。

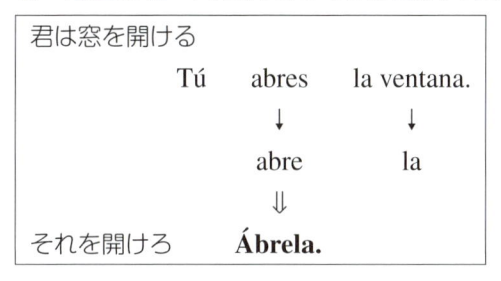

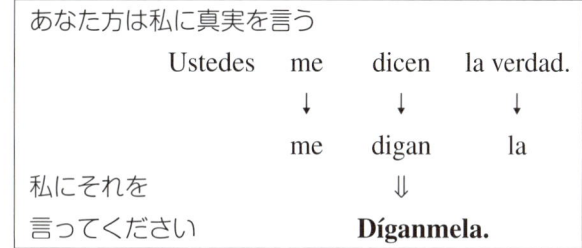

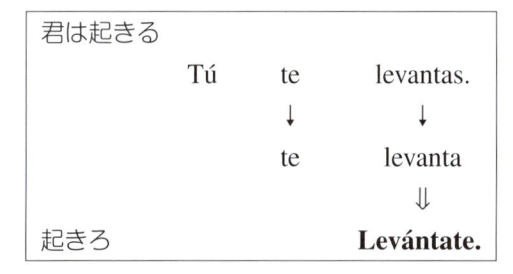

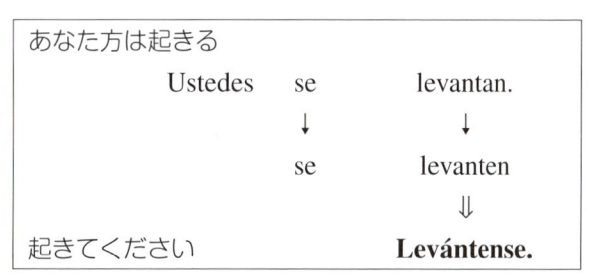

2) **否定命令**：代名詞を動詞の直前に置きます。（no ＋ 代名詞 ＋ 接続法現在）

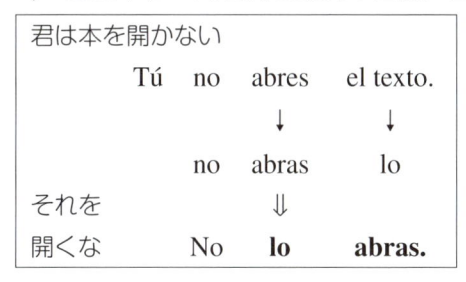

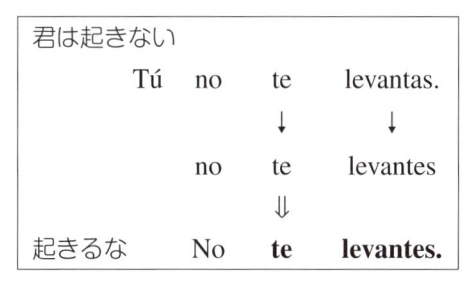

Diálogo

QUE TENGAS UN BUEN VIAJE

Manuel: María, espero que hoy te encuentres
muy bien y animada.
Hace una semana que volviste
a Japón y has estado algo triste.

María: Sí, me encuentro bien, gracias. Pero
el fin de semana volveré de nuevo a España.

Manuel: ¡A España!
¡Qué lástima que te vayas tan pronto!
Sólo estuviste una semana. Espero que
tengas suerte allá en la búsqueda de trabajo.

María: Gracias. Es mejor que me vaya ahora a mi casa
a hacer las maletas. Hay mucho que preparar.

Manuel: Que tengas un buen viaje, María.

María: Te escribiré un correo electrónico cuando llegue.

Preguntas

1) ¿Cómo se encuentra María? _____

2) ¿Adónde va María de nuevo? _____

3) ¿Cuánto tiempo ha estado María en Japón? _____

4) ¿Qué hará María cuando llegue? _____

Expresiones

¡Que te vaya bien!	el equipaje de mano	diferencia horaria
¡Que te mejores pronto!	billete de ida y vuelta	confirmación de vuelo
¡Mucha suerte!	línea internacional	facturación
¡Cuídate mucho!	vuelo doméstico	despegue y aterrizaje

Ejercicios

1. 例に従って、接続法を用いた文に書き直しなさい。

> 例 Mi hijo come la merienda. → Voy a hacer compras para que <u>mi hijo coma la merienda</u>.

1) Hace buen tiempo mañana. → ¡Ojalá que _____

2) Hoy llega el paquete. → Tal vez _____

3) Compras los libros de texto. → Te doy este dinero a fin de que _____

4) Vuelven a casa. → Cenaremos cuando _____

5) Nieva mucho. → Iré a la escuela aunque _____

6) La tienda está abierta. → Quizá _____

7) Me siento mal. → No voy al médico aunque _____

8) Hay clases hoy. → Quizá _____

2. tú と usted を主語にして、肯定命令と否定命令の文を作りなさい。

1) comer   4) cerrar la puerta

2) salir de aquí   5) llamarme por teléfono

3) coger un taxi   6) ponerse el vestido

3. 肯定命令を否定命令に、否定命令を肯定命令に直しなさい。

1) Dímelo.   4) No os sentéis.

2) No se la entregues.   5) Váyanse.

3) Levántese.   6) No la veas.

Apéndice

1 接続法現在完了

haber の接続法現在形 + 過去分詞

hablar	
haya hablado	hayamos hablado
hayas hablado	hayáis hablado
haya hablado	hayan hablado

Me alegro de que hayas salido bien en el examen.

Es posible que le haya pasado algo.

2 接続法過去

直説法点過去3人称複数形の活用語尾 -ron を、-ra, -ras, -ra, -ramos, -rais, -ran に変えます。

hablar		tener		haber	
hablara	habláramos	tuviera	tuviéramos	hubiera	hubiéramos
hablaras	hablarais	tuvieras	tuvierais	hubieras	hubierais
hablara	hablaran	tuviera	tuvieran	hubiera	hubieran

* ra 形のほかに、-se, -ses, -se, -semos, -seis, -sen という形（se 形）もあります。

Esperaba que vinieran mis amigos a la fiesta.

Yo le expliqué para que pudiera entender la instrucción.

Me gustaría que me ayudaran.

* como si + 接続法過去 または 接続法過去完了

Carmen habla japonés como si fuera japonesa.

El niño está contento como si hubiera comido todo el pastel.

3 条件文

1) 単なる条件文	2) 現在の事実に反する条件文	3) 過去の事実に反する条件文
Si ＋直説法（未来形を除く）、直説法か命令	Si ＋接続法過去、直説法過去未来	Si ＋接続法過去完了、直説法過去未来完了
Si tengo tiempo, voy (iré) al cine.	Si tuviera tiempo, iría al cine.	Si hubiera tenido tiempo ayer, habría ido al cine.

* 接続法過去完了形　　　　haber の接続法過去形＋過去分詞

　直説法過去未来完了　　　haber の直説法過去未来形＋過去分詞

4 原形動詞（不定詞）の用法

原形動詞は名詞として扱います。

1) 主語や補語になります。

   Ver es creer.

   El amar es perdonar.

   Es mejor no hablar a nadie sobre eso.

2) 動詞の目的語になります。

   Quiero viajar por México.

   Necesitamos hacer más ejercicios.

   El médico me ha aconsejado no beber tanto.

3) 前置詞の後ろに置きます。

   Voy a España para aprender el idioma.

   Ellos se fueron sin decir nada.

4) **al** の後ろに置きます。

   Al bajar del tren, me encontré con el profesor Tanaka.

5 知覚・使役の動詞

原形動詞や現在分詞と組み合わせて文を作ります。

Vimos correr a Paco.   → Lo vimos correr.

Oigo a María tocar el piano.

Oigo a María tocando el piano.   × Oigo tocando el piano a María.

Mis padres no me dejan ir a la fiesta.

Déjeme ver el mapa, por favor.

El profesor hizo a los estudiantes estudiar más.

REPASO 2

(Lecciones 8~14)

1. 質問に対し適切な答えを1つ選びなさい。

1) ¿Por qué no viniste a mi fiesta de cumpleaños?
   a. No nos gustó la película.
   b. El verano pasado hizo mucho calor.
   c. Estuve muy enfermo.
   d. Iré a la fiesta con Cecilia.

2) ¿Dónde la conoció a ella?
   a. Ella no conoció a nadie en la plaza.
   b. Fue en la plaza donde la conoció a ella.
   c. A ella le gusta pasear por la plaza.
   d. Pasear por la plaza con ella es agradable.

3) ¿Qué le dieron los niños a José?
   a. José les compró un regalo a los niños.
   b. Los niños recibieron el regalo de José.
   c. A José le disgustan los niños.
   d. Los niños le entregaron una corbata a José.

4) ¿Dónde estuvo durante las vacaciones del verano pasado?
   a. La pasaré en Cuba.
   b. Fui a mi pueblo natal.
   c. Estaré más cómodo en mi casa.
   d. No iré a ningún lugar en las vacaciones.

5) Cerca de la estación hay una cafetería. ¿Quieres desayunar?
   a. Se me olvidó el paraguas en la estación.
   b. Me perdí en la estación.
   c. Gracias, pero ahora no tengo apetito.
   d. Trabajé en una cafetería de la estación.

6) ¿Con quién comes?
   a. Como ensalada con jugo de naranja.
   b. Como con Manuel y María.
   c. No como pero me gustan las ensaladas.
   d. Manuel y María comen ensalada.

7) ¿Dónde estudiabas cuando eras niño?
   a. Los niños no estudiaban en Madrid.
   b. Estudiaron en Sevilla.
   c. Estudiaba en Barcelona.
   d. El niño estudia en la escuela.

2. （　　） 内に目的語人称代名詞を書きなさい。

1) ¿Ese libro es tuyo? ¿Me (　　　　) das para leerlo mañana, por favor?

2) Las fotos están buenas. ¿Por favor, se (　　　　) enseñas a María para que las mire?
   — Sí, ahora (　　　　) las enseño.

3) ¿Llevas la cámara?
   — Claro que voy a llevar-(　　　　). La necesito para tomar fotos de la ciudad.

4) ¿Quieres comer paella?
   — No, no (　　　　) quiero comer ahora.

5) Voy a regalarle un anillo a Susana.
   — ¿Cuándo vas a regalár-(　　　　)-(　　　　)?

3. （　　） 内の動詞を正しい接続法現在形に活用させなさい。

1) ¡Manuel! Te he dicho que (estudiar:　　　　　　　) más.

2) Es necesario que (preparar:　　　　　　　) ustedes la próxima exhibición.

3) Les hablo despacio para que (poder:　　　　　　　) entenderme.

4) Quiero que tú (viajar:　　　　　　　) a España.

5) Dudo que el profesor (estar:　　　　　　　) trabajando aquí el próximo año.

4. 次の日本語をスペイン語に訳しなさい。

1) 私の父は2週間前から病気です。

2) 日本はアジアの東にあります。

3) 私は昨日、はじめてスペインの映画を見ました。

4) 彼は私に横浜に住んでいると言いました。

5) 君はメキシコに行ったことがありますか。

5. 正しい活用を a. と b. から選び、( ) 内に記号で書きなさい。

1) Cuando ( ) a Madrid, visita el museo sin falta.

   a. vas   b. vayas

2) Es verdad que ellos no lo ( ).

   a. saben   b. sepan

3) No dudo que Alberto y Alicia ( ) pronto a Kioto.

   a. llegan   b. lleguen

4) Ella estaba ( ) una novela cuando llegué.

   a. leía   b. leyendo

5) Hasta entonces nunca lo ( ) visto.

   a. hemos   b. habíamos

6. ( ) 内にある語句を用いて、質問に対する答えを完成させなさい。

1) ¿Se duchan ustedes todas las mañanas?
   (No)   — _____

2) ¿Necesito lavarme las manos?
   (No)   — _____

3) ¿Qué hace usted para descansar?
   (sentarse en un sofá)   — _____

4) ¿De qué se quejan ustedes?
   (la comida del hotel)   — _____

5) ¿Con quién vas a casarte?
   (con mi compañera de clase) — _____

7. 次の質問に対する答えを a. から f. より選んで記号で答えなさい。

1) ¿Está Pedro?   a. Muy bien, gracias.
2) ¿Vas a comer en casa hoy?   b. Es de Jorge.
3) ¿Qué hora tiene usted?   c. No. Está en la calle.
4) ¿Dónde está el Museo de Arte?   d. Perdón. No tengo reloj.
5) ¡Qué casa tan bonita! ¿De quién es?   e. No. No tengo tiempo.
6) ¿Cómo te encuentras hoy?   f. En la primera calle a la derecha.

8. （　　）内の動詞を正しく活用させなさい。

1) Si yo hubiera tenido dinero, (haber:) ido a Granada.

2) Si fuera caro, yo no lo (comprar:).

3) Mañana nos vamos de excursión. Espero que no (llover:).

4) Me pidieron que (cantar:) una canción en japonés.

5) Cueste lo que (costar:), tienes que hacerlo ya.

9. 下の動詞の中から適切なものを選び、正しく活用させて（　　）の中に書きなさい。

> hablar, poder, trabajar, viajar, visitar, comprar, conversar, estar, entrar, ganar

    Midori (1) (   ) cinco idiomas extranjeros perfectamente. Ella (2) (   ) como intérprete en las Naciones Unidas y (3) (   ) mucho dinero. Con ese dinero (4) (   ) muchas novelas famosas para leer durante las vacaciones. También (5) (   ) mucho al extranjero. Ahora (6) (   ) en España con una amiga. Las dos (7) (   ) museos, castillos y catedrales antiguas. Midori y su amiga Inés a veces (8) (   ) en los mercados. Allí (9) (   ) ver varios productos típicos de España y (10) (   ) con las personas del lugar.

Vocabulario

1 主な形容詞

amarillo	grande	triste	rico
azul	pequeño	alegre	pobre
blanco	largo	simpático	caro
marrón	corto	antipático	barato
naranja	alto	nuevo	fácil
negro	bajo	antiguo	difícil
rojo	gordo	joven	interesante
verde	delgado	viejo	aburrido
bueno	bonito	fuerte	ocupado
malo	feo	débil	libre

2 主な副詞（句）

aquí	pasado mañana	temprano	antes
ahí	actualmente	tarde	después
allí	recientemente	en seguida	a veces
cerca	muy	por (en) la mañana	a menudo
lejos	mucho	por (en) la tarde	de vez en cuando
en frente	poco	por (en) la noche	muchas veces
ahora	bastante	todo el día	siempre
hoy	demasiado	todos los días	normalmente
ayer	rápido	la semana próxima	frecuentemente
anteayer	lento	el mes que viene	jamás
mañana	pronto	el año pasado	nunca

3 国名（国語）、国籍

Alemania (alemán)	alemán / alemana	Estados Unidos (inglés)	estadounidense
Argentina (español)	argentino / argentina	Francia (francés)	francés / francesa
Brasil (portugués)	brasileño / brasileña	Inglaterra (inglés)	inglés / inglesa
Canadá (inglés / francés)	canadiense	Italia (italiano)	italiano / italiana
China (chino)	chino / china	México (español)	mexicano / mexicana
Corea (coreano)	coreano / coreana	Japón (japonés)	japonés / japonesa
España (español)	español / española	Rusia (ruso)	ruso / rusa

4 曜日

lunes	miércoles	viernes	domingo
martes	jueves	sábado	

5 月名

enero	abril	julio	octubre
febrero	mayo	agosto	noviembre
marzo	junio	septiembre	diciembre

6 季節

primavera	verano	otoño	invierno

7 序数

primero	cuarto	séptimo	décimo
segundo	quinto	octavo	
tercero	sexto	noveno	

8 疑問詞

qué	cómo	cuánto/a / cuántos/as
quién / quiénes	cuándo	por qué
cuál / cuáles	dónde	para qué

9 前置詞

a	hacia	con	entre
de	para	hasta	por
en	sin	desde	sobre

10 接続詞

pero	que	cuando	aunque
si	porque	y (e) / o (u)	mientras

abrir	decidir	llamar	quitar
acompañar	decir	llegar	recibir
agradecer	dejar	llenar	recordar
amar	desear	llevar	regresar
aparecer	devolver	llover	reír
aprender	dividir	mandar	repetir
aprobar	doler	matar	reservar
arreglar	dormir	mentir	revisar
ayudar	elegir	meter	romper
bailar	empezar	mirar	saber
beber	encantar	morir	sacar
buscar	encontrar	mover	salir
caer	entrar	nadar	saludar
cambiar	entender	necesitar	seguir
caminar	enviar	oír	sentir
cancelar	escribir	olvidar	ser
cantar	escuchar	pagar	servir
cenar	esperar	parar	subir
cerrar	estar	parecer	sufrir
cocinar	estudiar	partir	tapar
coger	firmar	pasar	tardar
colgar	ganar	pasear	tener
comenzar	gastar	pedir	terminar
comer	gustar	pensar	tocar
comprar	haber	perder	tomar
comprender	hablar	permitir	trabajar
conducir	hacer	pintar	traer
conocer	imprimir	poder	untar
construir	interesar	poner	usar
contar	inventar	practicar	vender
correr	invitar	preferir	venir
costar	ir	preguntar	ver
crear	jugar	preparar	viajar
creer	lavar	probar	visitar
cubrir	leer	publicar	vivir
dar	limpiar	querer	volver

Práctica

(Lecciones 1~14)

Una calle en Cholula, México.

Lección 1

Hispanoamérica

Hispanoamérica es la región de habla española en el continente americano. Son 19 países. Argentina es el país más grande y El Salvador es el más pequeño. En estos países la cultura es común. Junto con Brasil esta región es "Iberoamérica". El término "Latinoamérica" es más amplio con países de habla francesa como Haití.

Perú es un país muy interesante.

¿Qué país es el más grande en Hispanoamérica?

Práctica en grupo

1. ペアになって、下の会話を参考に、お互いに自己紹介、挨拶をしてみましょう。

— Hola, ¿cómo te llamas?
— Me llamo Hanako, ¿y tú?
— Yo soy Ichiro. Encantado (Mucho gusto).
— Encantada (Mucho gusto).

— Buenos días (Buenas tardes), Ichiro, ¿qué tal? (¿cómo estás?)
— Así así, ¿y tú, Hanako?
— Muy bien, gracias.

2. 次のアルファベットを読みなさい。

NHK ...., JR............, CD............, DVD............, PC............, ONG............,

3. 次の国名、地名を発音し、地図で場所を確認してみましょう。

Panamá / Guatemala / Bolivia / Venezuela / Perú / Uruguay / Nicaragua
Vigo / Salamanca / Andalucía / Galicia / La Habana / Puebla / Quito

1. 例に従って疑問文を作りなさい。

例 Lisa es estudiante. → ¿Es Lisa estudiante?

1) Manuela es reportera. ( )

2) María no es profesora. ( )

3) Ustedes son camareros. ( )

4) Antonio es enfermero. ( )

5) Manuel y José no son arquitectos. ( )

2. 動詞 *ser* の正しい現在形を ( ) 内に書きなさい。

1) Kevin ( ) americano.

2) Carolina y Manuel ( ) peruanos.

3) Sara ( ) italiana.

4) Ellas no ( ) alumnas de español.

5) Bernardo ( ) estudiante.

6) ¿Tú ( ) profesora?

7) Yo ( ) David. ¿Y tú?

8) Vosotros ( ) camareros.

3. ( ) 内に適切なスペイン語を入れなさい。

1) ¿ ( ) ( ) ellos? — Son Juana y Jorge.

2) ¿Quién es ella? — Ella ( ) Carmen.

3) ¿ ( ) Isabel secretaria? — No, ella no es secretaria.

4) ¿ ( ) vosotros estudiantes? — Sí, somos estudiantes.

Lección 2

La Música Latina

El mundo hispano es rico en la cultura musical. En España, el flamenco es de origen gitano y en Argentina el tango expresa la nostalgia de sus inmigrantes italianos. La mezcla musical entre la cultura africana e hispanoamericana también es muy rica. Los estilos musicales en cada región son: la salsa, el merengue, la rumba, el mambo, el cha-cha-cha, el bolero, etc.

Festival Internacional de Salsa en Japón.

¿De dónde es el tango?

Práctica en grupo

1. これまでに覚えた単語や70ページの単語などを使い、それぞれの人物を自由に描写してみましょう。

 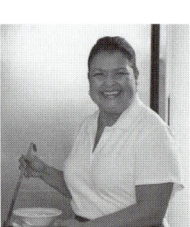   

| Miguel | María | Yoshio | Susan | Mike |

例 Miguel es mexicano. Es profesor de español. Es alto y muy simpático.

2. ペアになり、例にならって質問し、答えてみましょう。

例 — ¿Cómo se dice *nihonjin* en español? —Se dice *japonés* o *japonesa*.

例 — ¿Cómo se dice *coche* en japonés? —Se dice *jidosha* o *kuruma*.

Ejercicios

1. 次の単語を単数形であれば複数形に、複数形であれば単数形に直しなさい。

1) empleados ( )　　　4) estudiantes ( )

2) señor ( )　　　5) actores ( )

3) universidad ( )　　　6) comerciante ( )

2. 例に従って、元の語句と同じ意味になる否定文を作りなさい。

例　una mesa pequeña → La mesa no es grande.

1) una casa nueva ( )

2) unos árboles altos ( )

3) un amigo simpático ( )

4) un libro barato ( )

5) unas habitaciones caras ( )

3. 左の単語と関係のある右の単語を線で結びなさい。

1) periodista　　　a. fútbol

2) enfermera　　　b. hospital

3) pintor　　　c. oficina

4) secretaria　　　d. libro

5) escritor　　　e. restaurante / bar

6) jugador　　　f. construcción

7) arquitecto　　　g. periódico

8) alumno　　　h. clase

9) camarero　　　i. teatro

10) actor　　　j. pintura

Lección 3

Cultura

El Español

El español o castellano es la lengua oficial de España, de 19 países latinoamericanos y de Guinea Ecuatorial en África. Hay más de 400 millones de hispanohablantes en el mundo. El español es una lengua de origen latino junto con el italiano, el francés, el rumano y el portugués. Dentro de España también hay otras lenguas latinas muy similares al español como el catalán y el gallego.

El español es la lengua de España.

¿Qué lenguas son de origen latino?

Práctica en grupo

1. ペアになって、以下の質問をし、答えてみましょう。

1) ¿Cómo estás?

2) ¿Dónde estás?

3) ¿De dónde eres?

4) ¿Dónde está tu casa?

5) ¿Cómo es tu casa?

6) ¿Eres japonés?

7) ¿De dónde es el profesor (la profesora)?

8) ¿Hay un hotel cerca de aquí?

2. 自分の国籍、出身地、職業を自由に選び、ペアになって質問し、答えてみましょう。

例 —¿De dónde eres? —Soy mexicano, de Puebla.

例 —¿Eres abogado? —No. Soy médico.

> 国　籍：España (español/a), México (mexicano/a), Argentina (argentino/a), Venezuela (venezolano/a), Estados Unidos (estadounidense), etc.
> 出身地：Granada, Puebla, Buenos Aires, Caracas, Nueva York, etc.
> 職　業：jugador/a de fútbol, abogado/a, profesor/a, médico/a, etc.

3. ペアになって、数字を質問し、答えてみましょう。

例 —¿Antes de siete? —Seis.

例 —¿Después de sesenta y nueve? —Setenta.

4. ペアになって、曜日、月を質問し、答えてみましょう。

例 —¿Antes de viernes? —Jueves.

例 —¿Después de marzo? —Abril.

1. (   ) 内に *estar* の現在形、もしくは *hay* を書きなさい。

1) ¿Dónde (   ) tú ahora?

2) ¿Dónde (   ) un buzón?

3) La universidad (   ) lejos de aquí.

4) (   ) unos niños en el parque.

5) Las chicas (   ) muy alegres.

2. (   ) 内に *ser* もしくは *estar* の現在形を書きなさい。

1) Jorge y Carmen (   ) españoles.

2) ¿Tú y Tom (   ) de Estados Unidos?

3) Los padres de Taro (   ) de viaje.

4) ¿(   ) vosotros estudiantes universitarios?

5) El niño (   ) dormido.

3. (   ) 内に *ser*, *estar* の現在形、もしくは *hay* を書きなさい。

1) Nosotros (   ) muy cansados.

2) Allí (   ) unos restaurantes buenos.

3) Ahí (   ) las novelas de Cervantes.

4) ¿De dónde (   ) el Señor Gómez?

5) ¿De quién (   ) esos libros?

Lección 4

Cultura

El Flamenco

El flamenco es un arte folclórico del sur de España. Se desarrolló en la región de Andalucía con una gran influencia gitana. Los tres elementos básicos del flamenco son el cante, el toque (guitarra) y el baile. En las grandes ciudades de España hay muchos tablaos y la gente puede disfrutar allí del espectáculo de flamenco. Ahora en Japón también es muy popular y hay muchos aficionados.

Espectáculo de flamenco en un tablao de Madrid.

¿Cuáles son los elementos básicos del famenco?

Práctica en grupo

1. ペアになって、以下の質問をし、答えてみましょう。

1) ¿Dónde vives?
2) ¿Vives con tu familia?
3) ¿A qué hora llegas a la universidad?
4) ¿Qué estudias en la universidad?

5) ¿Qué deseas comer hoy?
6) ¿Lees muchos libros?
7) ¿Con quién tomas café hoy?
8) ¿Hablas inglés bien?

2. Ángel、Paula、Sonia はアパートをシェアしています。下の持ち物の図を見ながら、Ángel と Sonia になって、お互いに持ち主を質問し、答えてみましょう。

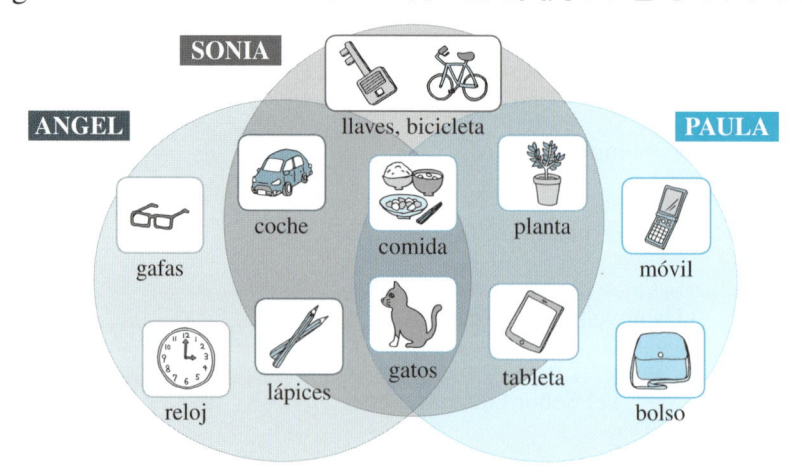

例 Sonia — ¿De quién es la comida?
　　Ángel — Es nuestra.

Ángel — ¿De quién es el móvil?
Sonia — Es suyo, de Paula.

Ejercicios

1. (   ) 内の動詞を現在形に活用させ、日本語に訳しなさい。

1) ¿Quién (abrir:) las ventanas todas las mañanas?

   — Takeshi y Nami (abrir:) las ventanas.

2) ¿A quién (esperar:) vosotros?

   — (Esperar:) al profesor Martín.

3) ¿Cuándo (llegar:) ellos a México?

   — (Llegar:) el próximo lunes.

4) ¿A qué hora (comer:) ustedes en España?

   — Generalmente (comer:) a las dos de la tarde.

5) ¿Por qué no (escribir:) cartas a tu madre?

   — Porque siempre (llamar:) a mi madre por teléfono.

2. (   ) 内の日本語に対応する単語を書きなさい。また、スペイン語の動詞を現在形に活用させなさい。

1) （あの   ）japoneses (visitar:) mañana el Museo del Prado.

2) （彼女の   ）amigo (viajar:) por Perú.

3) （彼の   ）estudiantes (aprender:) español muy bien.

4) （私の   ）profesor (creer:) que nosotros (bailar:)
   bien.

5) （君たちの   ）coche no (ser:) pequeño por eso no
   (entrar:) en el garaje de mi casa.

3. (   ) 内の動詞を現在形に活用させなさい。

1) ¿Dónde (vivir:) vosotros?

   — (Vivir:) en Kobe.

2) ¿Con quién (aprender:) tú español?

   — (Aprender:) español con el profesor Díez.

3) ¿Quiénes (beber:) vino tinto?

   — José y yo (beber:) vino tinto.

4) ¿Cuál de estos libros (leer:) usted?

   — (Leer:) éste de Octavio Paz.

5) ¿Cuándo (estudiar:) español con tus amigos?

   — (Estudiar:) con ellos el próximo sábado.

Lección 5

Los Aztecas

Los aztecas son los fundadores de una gran civilización prehispánica en México. Sobre su antigua ciudad Tenochtitlán está la Ciudad de México, que hoy es la capital del país. En el año 1521 el famoso conquistador Hernán Cortés y sus colonizadores españoles llegan y dominan a los aztecas. Hoy las ruinas del Templo Mayor Azteca y otros grandes monumentos prehispánicos son Patrimonio Cultural de la Humanidad.

Una pirámide prehispánica en México.

¿Quiénes son los aztecas?

Práctica en grupo

1. ペアになって、以下の質問をし、答えてみましょう。

1) ¿Adónde vas este fin de semana?

2) ¿Qué quieres hacer en verano?

3) ¿Qué tienes que hacer esta semana?

4) ¿Quieres viajar por Latinoamérica?

5) ¿Sabes nadar?

6) ¿Qué programa de televisión ves hoy?

7) ¿En qué vienes a la universidad?

8) ¿A qué hora vuelves a casa hoy?

2. 以下の表現を参考に、月曜から日曜までの自分の予定を書きましょう。ペアになって、予定を質問し、答えてみましょう。

> trabajar en una tienda / ir al cine / jugar al tenis / estudiar en la biblioteca
> salir con mis amigos / ver la televisión / hacer los deberes / cantar en un karaoke
> comer en un restaurante / ir a bailar / ir de compras / pasear por un parque

例 — ¿Qué vas a hacer el próximo jueves? — Voy a ir de compras.

3. ペアになって、イラストを見ながら、質問し、答えてみましょう。

Valencia 33/22　Buenos Aires 19/12　Kioto 25/18　Pekín 15/8　Nueva York 2/-5

例 — ¿Qué tiempo hace hoy en Valencia? — Hace mucho calor.

Ejercicios

1. （　　）内の動詞を現在形に活用させ、日本語に訳しなさい。

1) ¿Tú (recordar:　　　　　　　　　) su nombre?

2) Luis y Miguel (querer:　　　　　　　　　) jugar al fútbol esta tarde.

3) Nosotros (seguir:　　　　　　　　　) los consejos de Paco.

4) Juan y María (tener:　　　　　　　　　) veintiún años.

5) Usted no (tener:　　　　　　　　　) que venir mañana.

2. 与えられた単語と関係代名詞を使って、日本語をスペイン語に直しなさい。

1) あの家に住んでいる奥さん
   (la señora, vivir) _____

2) 私の祖父母が住んでいるあの家
   (casa, mis abuelos) _____

3) 私たちがよく知っているスペイン人
   (el español, conocer bien) _____

4) 君がいつも使っている辞書
   (el diccionario, usar, siempre) _____

5) 明日やって来る友人
   (el amigo, venir) _____

3. （　　）内に適切なスペイン語を入れなさい。

1) 君のお兄さんはいくつですか？
   ¿(　　　　　　　　) años tiene tu (　　　　　　　　)?

2) 私たちはとても暑い。
   (　　　　　　　　) mucho (　　　　　　　　).

3) 明日は天気が悪くなるでしょう。
   Mañana (　　　　　　　　) a hacer mal (　　　　　　　　).

4) 私たちは沖縄に行きたい。
   (　　　　　　　　) (　　　　　　　　) a Okinawa.

5) ダニエルはとても上手にギターが弾ける。
   Daniel (　　　　　　　　) (　　　　　　　　) la guitarra muy bien.

Lección 6

La Corrida de Toros

La corrida de toros es un evento cultural típico de España. Hay muchos aficionados y también opositores. Por ser un espectáculo cruel y sangriento hay muchas críticas pero ésta es también un arte de la vida y la muerte. El torero y el toro luchan a muerte en la plaza de toros y frente a una gran multitud. Al fin, ¿cuál de los dos muere? Sólo Dios lo sabe.

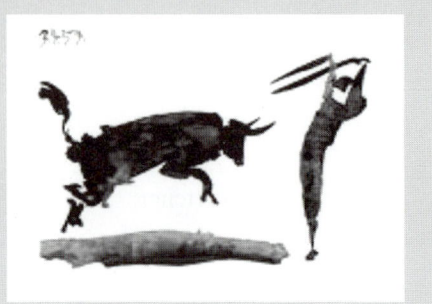

La corrrida de toros, ¿cultura o tortura?

¿Cómo son las corridas de toros?

Práctica en grupo

1. ペアになって、以下の質問をし、答えてみましょう。

1) ¿Qué estás haciendo ahora?

2) ¿Me prestas tu diccionario?

3) ¿Te gusta el helado? ¿Y de qué sabor?

4) ¿Qué te interesa de España?

5) ¿Qué te interesa de Latinoamérica?

6) ¿A quién mandas un correo electrónico?

7) ¿Qué te parece la clase de español?

8) ¿Qué programa de televisión te gusta?

2. 自分の好きなもの、嫌いなものを表に書きこみ、ペアになって質問し、答えてみましょう。

	Yo		Mi compañero/a	
	me gusta	no me gusta	le gusta	no le gusta
comida				
bebida				
pasatiempo				
lugar				
asignatura				
deporte				

例 — ¿Qué comida te gusta? — Me gusta la hamburguesa.

— ¿Qué comida no te gusta? — No me gusta el pollo frito.

1. 次のスペイン語を、指示がある場合はそれに従って、現在進行形に直しなさい。

1) Su amigo consulta el diccionario en la biblioteca.

2) Escucháis la música en el tren.

3) Los estudiantes hablan español con él.

4) Mi maestro toca la guitarra en el auditorio.

5) Vuestra madre prepara la cena en la cocina.

6) El actor ensaya una tragedia en el teatro.

7) Estos años baja la población del país. (*venir*を使う)

8) Hago baile todos los días. (*seguir*を使う)

2. 下線部を代名詞に直して、文を書き換えなさい。

1) Ustedes compran muchos libros allí.

2) Las muchachas regalan un chocolate a su novio el día de San Valentín.

3) Entregamos a ellas dos entradas del cine.

4) Usted no envía una postal a su madre.

5) Juan no presenta un trabajo a la secretaria.

6) En el congreso voy a plantear un problema.

7) No podemos aguantar a nuestro jefe.

8) Tenéis que mandar algunas fotos a vuestro padre.

3. (　　　) 内に適切なスペイン語を入れて、日本語と同じ意味の文にしなさい。

1) 僕と一緒にコンサートへ行きませんか？

¿No (　　　　　　　　) ir al concierto (　　　　　　　　　　)?

2) ここでタバコを吸ってもかまいませんか？

¿No (　　　　　　　　) molesta si (　　　　　　　　) aquí?

3) ベジタリアンですか？ ―とんでもない！ 僕は肉が大好きです。

¿Es usted (　　　　　　　　)? ― ¡Qué va! A (　　　　　　　　) me encanta la carne.

4) フアンは君にそれを渡したがっています。

Juan (　　　　　　　　) (　　　　　　　　) quiere entregar.

5) 家まで送ってくれない？ ―よろこんで。

¿ (　　　　　　　　) puedes acompañar hasta mi casa? ― Con mucho (　　　　　　　　).

Lección 7

Cultura

El Gazpacho

El gazpacho es una sopa fría típica de la región de Andalucía, provincia del sur de España. Esta sopa tradicional está hecha de verduras y ajos picados con sal y aceite de oliva. Los españoles lo toman en el verano con mucha frecuencia. Si tú estás bajo el sol y lo tomas bien frío, es muy sabroso. Éste es el verdadero sabor del verano español. Al ir a España debes tomarlo. ¡Disfrútalo!

El gazpacho es un plato muy típico.

¿Cómo es el gazpacho?

Práctica en grupo

1. ペアになって、以下の質問をし、答えてみましょう。

1) ¿Cuántas horas dormiste ayer?
2) ¿Qué tiempo hizo ayer?
3) ¿A qué hora llegaste a la universidad hoy?
4) ¿Qué comiste ayer?
5) ¿Con quién cenaste anoche?
6) ¿A dónde fuiste el pasado domingo ?
7) ¿Cuántos hermanos y hermanas tienes?
8) ¿Cuál es tu número de teléfono?

2. 自分がしたことを点過去を使って表に書き込み、ペアになって質問し、答えてみましょう。

	Yo	Mi compañero/a
ayer por la mañana		
anoche		
la semana pasada		
hace un mes		
el año pasado		
el día de Año Nuevo		

例 — ¿Qué hiciste ayer por la mañana?   — Fui a la biblioteca de la universidad.

Ejercicios

1. 次の動詞を点過去形で活用させなさい。

1) invitar
2) recibir
3) saber
4) decir
5) dormir

6) aprender
7) andar
8) venir
9) pedir
10) ser

2. 次の文にある動詞を点過去形に直しなさい。

1) Tenemos que trabajar hasta tarde.

(   )

2) Esperamos a María en el aeropuerto.

(   )

3) ¿Adónde vais en las vacaciones de verano?

(   )

4) Los extranjeros bailan en la fiesta.

(   )

5) Busco a mi amigo en el mercado.

(   )

6) En la torre hay un nido de cigüeñas.

(   )

7) Llego a la fábrica a las seis de la tarde.

(   )

8) Juan y Carmen piden un plato peruano.

(   )

9) Me enseñas a preparar gazpacho.

(   )

10) Venís al cine a ver la película.

(   )

3. (   ) 内に適切なスペイン語を入れて、日本語と同じ意味の文にしなさい。

1) 君たちは3年間スペイン語を学んだ。

(   ) español durante (   ) años.

2) 僕の友達は今日の新聞を読んだ。

Mi amigo (   ) el (   ) de hoy.

3) あなたは昨日どこにいたのですか？

¿ (   ) (   ) usted ayer?

4) 僕たちは昨日宿題をすることができませんでした。

No (   ) (   ) los deberes ayer.

5) 彼女はあのコンサートへ行きたかった。

Ella (   ) (   ) a aquel concierto.

Lección 8

Don Quijote

El Quijote es la historia de las aventuras de dos protagonistas muy famosos: Don Quijote y Sancho Panza. Su autor es Miguel de Cervantes Saavedra. Esta obra tiene muchos episodios con anécdotas divertidas sobre la vida y sus quehaceres. Junto con ellos aparecen también distintos tipos de personajes por lo que el drama, la realidad y la ilusión hacen de éste un libro muy interesante. ¿No quieres leerlo en las próximas vacaciones?

Estatua de Don Quijote y Sancho Panza en Madrid.

¿Quién escribió El Quijote?

Práctica en grupo

1. ペアになって、以下の質問をし、答えてみましょう。

1) ¿A qué te dedicas?

2) ¿Cuántas veces al día te lavas los dientes?

3) ¿Dónde desayunaste esta mañana?

4) ¿Cuándo se celebran las próximas Olimpiadas?

5) ¿Qué se vende en la tienda de la universidadad?

6) ¿Te duchas por la mañana?

7) ¿Cómo se llama tu profesor de inglés?

8) ¿A qué hora te acostaste anoche?

2. 表に自分の行動の時刻を書き込み、ペアになって質問し、相手の時刻を書き入れてみましょう。

	Yo	Mi compañero A	B	C
levantarse				
desayunar				
salir de casa				
comer				
volver a casa				
cenar				
ducharse/bañarse				
acostarse				

例 — ¿A qué hora te levantas?   — Me levanto a las seis y media.

1. 次の再帰動詞を現在形に活用させなさい。

1) bañarse

2) despertarse

3) levantarse

4) quejarse

5) atreverse

6) sentarse

7) relajarse

8) ducharse

9) arrepentirse

10) maquillarse

2. 次のスペイン語を日本語に訳してから、動詞を点過去形に直しなさい。

1) ¿Por qué no te vistes?

2) Se produce mucho vino en Francia.

3) Quiero ponerme el kimono para la fiesta.

4) Mis hermanos se duchan por la mañana.

5) ¿Te levantas tan tarde?

6) Aquí se venden muchas frutas.

7) Mi tía se bebe una botella de vino.

8) Nos acostamos antes de la una de la noche.

9) Mis padres se mudan a otra ciudad.

10) Me siento en el banco de la plaza.

3. (   ) 内に適切なスペイン語を入れて、日本語と同じ意味の文にしなさい。

1) 彼女は毎朝冷たい水で顔を洗う。

Ella (   ) (   ) la cara con agua fría todas las mañanas.

2) 僕はおなかが減って死にそうだ。このケーキを食べてもいいですか？

Me (   ) de (   ) . ¿Puedo comer este pastel?

3) 恋人たちは互いにとても愛し合っている。

Los novios (   ) (   ) mucho mutuamente.

4) 君は帽子を脱がなければいけません。

Tú (   ) que (   ) el sombrero.

5) 私たちはいつも最前列に座ります。

Solemos (   ) en la primera fila.

Lección 9

Cultura

El Día de Muertos

Ésta es una festividad de origen prehispánico que coincide con la celebración católica de honrar a los difuntos los días 1 y 2 de noviembre. Se celebra en Hispanoamérica y en muchas comunidades hispanas de los Estados Unidos. Recientemente, la UNESCO declaró esta festividad como Patrimonio Cultural Inmaterial (espiritual) de la Humanidad.

"La Catrina," una típica imagen del Día de Muertos.

¿Cuándo es el Día de Muertos?

Práctica en grupo

1. ペアになって以下の質問をし、答えてみましょう。

1) ¿Qué te gustaba hacer cuando eras niño?
2) ¿Cuál era tu asignatura favorita en la primaria y la secundaria?
3) ¿Qué hacías después de clase cuando tenías 13 años?
4) ¿Dónde vivías de niño?

2. イラストを見て、インターネットやスマホのない時代に人々がどうしていたかを表現してみましょう。

Cuando no existían móviles o internet, ¿qué hacía la gente ...?

1. ...cuando se perdía por la calle?　2. ...cuando tenía que buscar información para una tarea de la escuela?　3. ...cuando quería escuchar a su cantante favorito?

4. ...mientras esperaba en el médico?　　5. ...cuando quería saber una receta de cocina?

1. ( ) 内の動詞を点過去形または線過去形に活用させ、日本語に訳しなさい。

1) Ahora trabajo en la panadería pero antes (trabajar:) en un banco.

2) Mi tía (leer:) el periódico mientras mi tío (preparar:) la torta.

3) Él (tener :   ) veinte años, cuando (casarse :   ) .

4) Cuando yo (volver:) de la oficina, (tener:) un accidente.

5) ¿Qué (desear:) usted? — (Querer:) ver al director.

2. 例に従って、( ) 内に適切な関係詞を入れ、文を完成させなさい。

例 Ésa es la enciclopedia (de la que) tomé tantos datos.

1) La mesa (   ) puse el sombrero era de madera.

2) A la entrada hay una percha (   ) colgué mi abrigo.

3) Paseamos por las montañas (   ) nace el río Amazonas.

4) Cerca hay una isla (   ) queremos ir de excursión algún día.

5) Ahí vemos la pluma (   ) Simón Bolívar firmó la carta de independencia.

3. ( ) 内に *donde, cuando* または *cuyo* を入れ、文を完成させなさい。

1) Voy al pueblo (   ) vivía antes.

2) El parque (   ) nos conocimos es bonito.

3) A las siete (   ) la reunión terminó volvimos a casa.

4) Fue ayer (   ) llegaron mis amigos de Italia.

5) Aquél es el actor (   ) nombre es conocido mundialmente.

Lección 10

Tacos y Tapas

Los tacos y las tapas son comidas ligeras. El taco es un platillo mexicano. Es una tortilla doblada o enrollada con varios tipos de carnes y verduras. Los tacos se comen en todo tipo de establecimientos, desde restaurantes de lujo hasta pequeñas taquerías. La tapa es un platillo típico de España. Es un aperitivo que se sirve para acompañar las bebidas en los restaurantes españoles y bares populares.

Diferentes tipos de tacos mexicanos.

¿De dónde son las tapas?

Práctica en grupo

1. ペアになって以下の質問をし、答えてみましょう。

    1) ¿Qué has hecho esta mañana antes de venir a la universidad?

    2) ¿Cuántas veces has estado en el extranjero?

    3) ¿Has probado alguna comida española?

    4) ¿En qué países se habla francés?

    5) ¿Dónde no se puede fumar?

2. 4人でグループを作り、以下のことがらについて質問し、Yo sí / Yo no / Yo también / Yo tampoco を使って順番に答えてみましょう。

1) Ir a Latinoamérica	5) Jugar al fútbol	
2) Comer en un restaurante español	6) Viajar por Okinawa	
3) Beber con unos amigos	7) Visitar un museo de arte	
4) Ver a una celebridad	8) Recibir flores	

    例 — ¿Habéis ido alguna vez a Latinoamérica? — Yo sí.

                                           — Yo también.

Ejercicios

1. 以下の過去分詞の原形を（　　）内の中に書き、その意味を日本語で書きなさい。

1) escrito　（　　　　　） _____
2) puesto　（　　　　　） _____
3) leído　　（　　　　　） _____
4) cubierto （　　　　　） _____
5) resuelto （　　　　　） _____

6) terminado （　　　　　） _____
7) hecho　　（　　　　　） _____
8) salido　　（　　　　　） _____
9) dicho　　（　　　　　） _____
10) visto　　（　　　　　） _____

2. （　　）内の中の動詞を現在完了形に活用させなさい。

1) El tren todavía no (llegar :　　　　　　　　　　).
2) Nunca yo (estar :　　　　　　　　　　) en los Estados Unidos.
3) Esta semana nosotros (ir :　　　　　　　　　　) tres veces al cine.
4) ¿(ver :　　　　　　　　　) vosotros las pinturas de Goya?
5) Yo ya te lo (decir :　　　　　　　　).

3. 受動文を作り、それを日本語に訳しなさい。

1) Frecuentemente María (reprender) por su padre.
 _____

2) Los ladrones (detener) por la policía ayer.
 _____

3) Una nueva carretera (construir) por el Estado el año pasado.
 _____

4) (Celebrar) las Olimpiadas cada cuatro años.
 _____

5) (Usar) mucho este ordenador entre los estudiantes.
 _____

6) En esta tienda (vender) artículos baratos.
 _____

Lección 11

Cultura

La Navidad

El término Navidad significa nacimiento y es una festividad cristiana importante que desde hace dos mil años celebra el nacimiento de Jesucristo el 25 de diciembre. Ésta es una época en que la familia se reúne para celebrar y compartir amor y respeto. Por tal motivo, es una de las más tradicionales. En ella, se recuerda el recorrido de sus padres, José y María, hasta el pueblo de Belén y la alegría de este hermoso e importante acontecimiento.

Una familia celebrando
la navidad en Japón.

¿Cuándo es Navidad?

Práctica en grupo

1. ペアになって以下の質問をし、答えてみましょう。

1) ¿Qué país es más grande, Japón o España?

2) ¿Hay alguien en tu casa ahora?

3) ¿Quién es el / la que habla español mejor en la clase?

4) ¿Cuántas veces habías estado en Kioto antes de entrar en la universidad?

5) ¿Qué comida no te gusta nada?

2. ペアになってRaquel と Emilio を比較する文を作ってみましょう。

Raquel

175 cm, 59 kg
42 años
un hijo
Lee libros a menudo.
Habla inglés muy bien.
Se levanta a las seis.

Emilio

180 cm, 80 kg
46 años
un hijo y dos hijas
No lee libros casi nunca.
Habla inglés un poco.
Se levanta a las siete y media.

例 Raquel es más delgada que Emilio.

1. （　　　）内の動詞を現在完了形または過去完了形に活用させなさい。

1) Me (gustar:　　　　　　　　　　) la comida de hoy.

2) Pensé que la conferencia (terminar:　　　　　　　　　) antes de las cinco.

3) Antonio me dijo que (volver:　　　　　　　　) a Madrid a final del mes.

4) Luis perdió el libro que le (regalar:　　　　　　　) su amigo.

5) Esta mañana él (tener:　　　　　　　　) que salir de casa a las seis.

2. （　　　）内に適切なスペイン語を入れて、日本語と同じ意味の文にしなさい。

1) 私はアメリカに1度も行ったことがない。

No he estado en los Estados Unidos (　　　　　　　　　) vez.

2) 最近何人かの学生は授業に来ません。

Últimamente (　　　　　　　　) estudiantes no vienen a clase.

3) 何か食べるものはありませんか。

¿Hay (　　　　　　　　) que comer?

4) 誰かを待っているんですか。

¿Esperas a (　　　　　　　)?

5) 私たちは、その件について何も知りません。

No sabemos (　　　　　) del asunto.

3. 例に従って、比較の文を作りなさい。

例　Rosa tiene 21 años y María tiene 19 años. → Rosa es mayor que María.

1) Esta torre tiene 200 metros de altura y aquélla 350 metros de altura.

→ _____

2) El señor Rodríguez nació en 1950 y su señora en 1953.

→ _____

3) Ricardo lee cinco libros al mes y José también.

→ _____

4) Me gusta la leche. Me gusta mucho el zumo de naranja.

→ _____

5) María tiene cinco manzanas, Luisa tiene tres y Antonio una.（最上級を使って答えなさい。）

→ _____

Lección 12

Cultura

El Fútbol

El fútbol es el deporte más popular en España y América Latina. En la Liga Española juegan futbolistas muy famosos. Los países latinoamericanos también tienen sus propias ligas y de ahí han salido jugadores de fama internacional. Los más conocidos son el brasileño Ronaldinho, el mediocampista argentino Diego Armando Maradona y actualmente Lionel Messi, también argentino.

Árbitros antes de un partido de fútbol.

¿Qué países hispanos son famosos en el fútbol?

Práctica en grupo

1. ペアになって以下の質問をし、答えてみましょう。

1) ¿Vendrás mañana a la universidad?

2) ¿Qué países te gustaría visitar?

3) ¿Podrías prestarme tu diccionario?

4) ¿Qué harás este fin de semana?

5) ¿Cómo sería Kioto hace mil años?

6) ¿Dónde estará tu madre ahora?

2. 自分の将来について表に書き込み、ペアになって質問し、答えてみましょう。

	Yo	Mi compañero/a
Dentro de 5 años		
Dentro de 10 años		
Dentro de 50 años		

例 — ¿Dentro de 5 años trabajaré en el extranjero, ¿y tú?

— Yo estudiaré en el curso de posgrado.

3. 以下の状況に合った推測の表現を考え、ペアでやりとりをしてみましょう。

例 — Ayumi no ha venido a clase.　— Estará enferma.

1) David tiene muchos amigos norteamericanos.

2) Kaori siempre lleva ropa muy cara.

3) Ken saca muy buenas notas en todas las asignaturas.

4) Alguien llama a la puerta.

5) El profesor ha llegado tarde a clase.

1. (　　) 内の動詞を未来形または過去未来形に活用させなさい。

1) Mañana yo (ir:　　　　　　　　　) a una librería para comprar un libro.

2) Cuando me llamó José, (ser:　　　　　　　　　) las cinco de la mañana.

3) Pedro le preguntó a su padre si (poder:　　　　　　　　　) salir de casa.

4) Ana me dice que (venir:　　　　　　　　　) a la fiesta.

5) Cuando Jorge conoció a Ana, él (tener:　　　　　　　　　) 20 años.

2. 例に従って次の文を書き換えなさい。

例　Ana me pregunta dónde harán el concierto de aquella cantante.
　　→ Ana me preguntó <u>dónde harían el concierto de aquella cantante</u>.

1) Juan nos dice que irá a Argentina.
　　　　→ Juan nos dijo _____

2) El profesor le dice que tendrá que hacer los deberes.
　　　　→ El profesor le dijo _____

3) Juan me pregunta en qué año se celebrarán los próximos Juegos Olímpicos.
　　　　→ Juan me preguntó _____

4) El jefe me dijo que vendría el presidente de una empresa importante.
　　　　→ El jefe me dice _____

5) Mi madre me preguntó cuándo tendría el examen de inglés.
　　　　→ Mi madre me pregunta _____

3. 次のスペイン語を日本語に訳しなさい。

1) Dentro de unos meses ellos volverán aquí.

　　　_____

2) ¿Estará abierto el supermercado ahora?

　　　_____

3) Carlos me preguntó quién vendría a la fiesta.

　　　_____

4) Me gustaría visitar Salar de Uyuni algún día.

　　　_____

5) En aquella época habría muchos cines por aquí.

　　　_____

Lección 13

La Siesta

España e Hispanoamérica tienen la costumbre de echarse a dormir una hora o más en la llamada siesta después del almuerzo. Ésta es reconocida por sus buenos efectos para la salud. En ese lapso de tiempo muchos comercios e instituciones públicas están cerrados. Lamentablemente, esta costumbre se está perdiendo porque se introduce el horario de oficina de nueve a cinco.

Una siesta de una hora es buena para la salud.

¿Qué es la siesta?

Práctica en grupo

1. ペアになって以下の質問をし、答えてみましょう。

1) ¿Qué quieres que te regalen en tu cumpleaños?
2) ¿Cómo te gusta que te llamen tus amigos?
3) ¿Qué os prohíbe el profesor en clase?
4) ¿Qué te aconsejan tus padres?
5) ¿Qué te sorprende de la universidad?
6) ¿Qué desearías hacer el día de Año Nuevo?

2. ペアになって、以下のカードにメッセージを書いてみましょう。

1. A tu amigo/a

> **¡Feliz Navidad!**
>
> 例
> Espero que seas muy feliz con tu familia esta Navidad.

2. A tu novio/a

> **¡Feliz Cumpleaños!**

3. A tus abuelos

> **¡Feliz Año Nuevo!**

4. A tu hermana que ha tenido un hijo

> **¡Felicidades por el Bebé!**

Ejercicios

1. ( ) 内の動詞を接続法現在形に活用させなさい。

1) Mi amiga espera que le (acompañar:) yo.

2) La ley prohíbe que los menores (beber:).

3) Es bueno que tú (cumplir:) la promesa.

4) No pienso que (nevar:) mañana.

2. ( ) 内の動詞を適切な形に活用させなさい。

1) A: El profesor dice que ellos (estar:) enfermos.

   B: El profesor nos dice que (hacer:) estos ejercicios.

2) A: Creo que (llover:) mañana.

   B: Temo que (llover:) mañana.

3) A: No pienso que ellos (venir:) a la fiesta.

   B: Imagino que ellos (venir:) a la fiesta.

4) A: Quiero (ponerse:) el kimono.

   B: Quiero que Carmen (ponerse:) el kimono.

5) A: Dudo que ella (decir:) la verdad.

   B: Estoy seguro de que ella (decir:) la verdad.

6) A: Conocemos a una chica que (saber:) hablar japonés.

   B: Buscamos una chica que (saber:) hablar japonés.

3. 次のスペイン語を日本語に訳しなさい。

1) Queremos que el examen final no sea difícil.

_____

2) Me dicen que no salga de casa hoy, que nieva muchísimo.

_____

3) Es necesario que hagáis ejercicios cuando volváis a casa.

_____

4) Te mando este mensaje para que sepas la situación en que estamos.

_____

Lección 14

La Semana Santa

La mayoría de los hispanohablantes son católicos y festejan la Semana Santa en marzo o abril. Al final de ésta viene el día de la Resurrección de Jesucristo. Es un domingo que para los católicos constituye una fiesta religiosa importante. Durante esta semana se celebran misas y rituales religiosos. Éstos son días para el retiro, el descanso y la oración pero muchos se van de viaje de placer.

Una pequeña iglesia en Perú.

¿Qué se hace durante la Semana Santa?

Práctica en grupo

1. ペアになって以下の質問をし、答えてみましょう。

1) ¿Qué harás cuando termines la universidad?
2) ¿Es normal que los japoneses duerman en el tren?
3) ¿Dónde vivirás cuando tengas 30 años?
4) ¿Qué tiempo quieres que haga mañana?
5) ¿Qué regalo esperas que te dé tu amigo que viaja por España?

2. ペアになって、イラストを見ながら1人が状況を説明し、もう1人は肯定、または否定の命令を使って相手にアドバイスしてみましょう。

 1.  2.

 — No sé qué hacer hoy.
— Da un paseo con tus amigos.

3.  4.

Ejercicios

1. ( ) 内の動詞を、必要があれば適切な形に活用させなさい。

1) A: En caso de que (suceder:) algo, llama a la policía.

   B: Si nosotros (tener:) tiempo, vamos al cine.

2) A: Cuando yo (estar:) cansado, siempre tomo esta infusión.

   B: Cuando tú (ir:) a Córdoba, visita la mezquita sin falta.

3) A: Queremos escaparnos de la fiesta sin que nos (ver:).

   B: Queremos escaparnos de aquí sin (hacer:) ruido.

4) A: Aunque yo (tener:) un poco de fiebre, voy al cine.

   B: Aunque yo (tener:) un poco de fiebre, iré al cine.

5) A: Yo quiero (viajar:) por España.

   B: Yo quiero que tú (viajar:) por España de luna de miel.

6) A: Siento no (poder:) asistir a la reunión.

   B: Siento que él no (poder:) asistir a la reunión.

2. 次の文を肯定命令と否定命令に書き換えなさい。その際、下線部の単語は代名詞に変えなさい。

1) Hablas más despacio.

2) Usted apaga <u>la luz</u>.

3) Ponéis <u>la calefacción</u>.

4) Me envías <u>la carta electrónica</u>.

5) Me escribes <u>una carta</u> pronto.

6) Les decís <u>la verdad</u>.

7) Usted nos prepara <u>la comida</u>.

8) Usted trae <u>el libro</u> a Jorge.

9) Usted se acuesta temprano.

10) Te pones <u>una chaqueta</u>.

11) Os levantáis más temprano.

12) Ustedes se van de aquí enseguida.

京都烏丸スペイン語教室

稲本 健二　久野 聖子　松久 玲子　立林 良一
（初版）　イグナシオ アリスティムニョ　宮地 隆廣
（改訂版）宇佐見 耕一　アンドレス ペレス リオボ

世界につながるスペイン語　改訂版

検印
省略

©2012 年 1 月 15 日　初 版 発 行
2018 年 1 月 30 日　第 7 刷発行
2019 年 1 月 30 日　改訂版初版発行
2024 年 1 月 30 日　第 7 刷発行

著　　者　　　　　京都烏丸スペイン語教室

発行者　　　　　　　原　　　雅　　久
発行所　　　　株式会社 朝 日 出 版 社
〒101-0065 東京都千代田区西神田 3-3-5
TEL (03) 3239-0271・72（直通）
振替口座 東京 00140-2-46008
https://www.asahipress.com/
メディアアート / 図書印刷

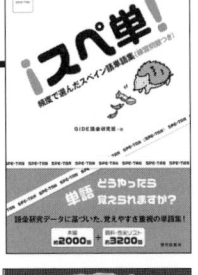

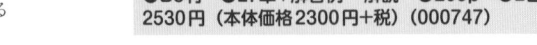